AF450909

02
HISTORIAS PARA DISFRUTAR CON LA HISTORIA

Fran Zabaleta

Este también es para Elena, que sabe mucho de disfrutar y más todavía de hacer disfrutar.

La historia es cuestión de supervivencia. Si no tuviéramos pasado, estaríamos desprovistos de la impresión que define a nuestro ser.

Ken Burns

Título
02 Historias para disfrutar con la historia

Primera edición: junio 2020

Colección
Relatos con Historia 2

Imagen de portada
Mariusz Matuszewski en Pixabay

Editorial

Los libros del salvaje

Rúa Troncoso 4, 2º
36206 Vigo

ISBN: 978-84-949646-6-4

ÍNDICE

Prólogo

Más historias, por favor

Tengo pocos recuerdos de mi infancia, pero uno de ellos es insistente. Me veo sentado en la sala de la casa familiar. A mi alrededor, cuatro o cinco de mis hermanos (éramos ocho, un número nada desdeñable) ríen, gritan, se pelean, protestan... La algarabía es tan tremenda como habitual. Sin embargo, yo no me entero de nada. Permanezco sentado, absorto, leyendo *Un capitán de quince años*, de Julio Verne. Un libro, por cierto, que debí de devorar siete u ocho veces, si no más, por aquellos años.

Sigo ahí, ajeno a gritos y peleas, hasta que alguien me llama insistentemente, una, dos, tres veces. Nada. Solo cuando me agarra del brazo y me menea con fuerza consigue arrancarme de la cubierta del Pilgrim en plena tormenta y llevarme de vuelta al siglo xx, a otra tormenta muy distinta.

La lectura ejercía una poderosísima fuerza sobre mí. Me pasaba la vida leyendo: en casa, andando por la calle, los fines de semana de excursiones familiares, en el colegio... También me peleaba con mis hermanos, jugaba y gritaba como el que más, pero la lectura era mi refugio en una casa atestada.

Y era mucho más: la lectura era el barco que me llevaba a explorar el mundo. En los libros descubrí el universo entero, primero a través de relatos como los de Julio Verne y después de las historias de esos exploradores, navegantes o aventureros que fueron ampliando a golpe de machete y timón el mundo conocido. Porque, como suele pasar, al ansia devoradora de novelas pronto se sumó el deseo de conocer las vidas y hazañas reales de los personajes que desvelaron los misterios de selvas, mares y desiertos.

Con el tiempo asumí que, aunque lo soñara tantas veces de niño, no estaba hecho de la pasta de esos aventureros que se lanzaban con un sombrero y muchos arrestos por todo equipaje a explorar las más densas selvas del mundo, repletas de mosquitos, malaria, tigres enormes y otras incomodidades. Pero no me resultó duro aceptar tan amarga verdad, porque para entonces ya había comprendido que leer es una magnífica forma de vivir mil aventuras... y seguir vivo para contarlas.

No solo eso: leer es descubrir el mundo, abarcarlo entero, comprenderlo de una forma que resulta imposible sobre el terreno. Por eso, imagino, me dediqué a escribir: porque mi forma de entender las cosas pasa por la escritura, porque al escribir las piezas encajan y se explican y el mundo, este terrible y fascinante mundo en el que vivimos, cobra un poco, solo un poco, de sentido.

Hoy ya hace varias décadas que dejé de ser adolescente, pero sigo sintiendo la misma fascinación de entonces por la historia, la exploración y el avance del conocimiento humano. Por los libros, en definitiva, y las historias que desvelan.

Siempre, que recuerde, me he sentido atraído por la historia. Ni siquiera esa nefasta profesora que soporté durante mis años de colegio, de la que te hablé en el prólogo del volumen anterior, consiguió acabar con tal atracción. Estoy convencido de que los relatos nos alimentan y moldean nuestro estar en el mundo, pero es la historia, su conocimiento, lo que nos aleja colectivamente del precipicio. Profundizar en la historia es inocularse contra la cerrilidad y el fanatismo; es disfrutar de una hermosa vista de pájaro sobre esos miles de años durante los cuales el *Homo sapiens* ha vivido sobre la tierra; es viajar a pueblos lejanos y a tiempos olvidados, comprender al ser humano y darse cuenta de todo lo que nos une.

Por todo esto, y por muchas razones similares, escribo estas historias. Porque me pasa lo mismo que te sucede a ti cuando lees un libro, ves una película o escuchas una canción que te atrapa, que te revuelve, que te da la vuelta: que necesitas compartirlo. Necesitas transmitir esa fascinación. Por eso devoro libros, historias y hechos pasados y por eso no puedo evitar darles vueltas en mi cabeza, marearlos, ordenarlos y echarlos fuera en forma de relatos... o algo parecido.

Me encantaría que su lectura te transmitiera una fracción de la atracción que la historia ejerce sobre mí. Si, además, este nuevo volumen de pequeñas historias sobre grandes momentos te ayuda, de alguna forma, a entender mejor el mundo que nos rodea, a encajar las piezas del gran puzle de la historia, ya no podré pedir más. Salvo una cosa: que su lectura te lleve a descubrir otras lecturas, otras historias.

Porque, ¿qué sería de nosotros, como individuos y como sociedad, sin historias?

Más historias, por favor.

PREHISTORIA

El día en que estuvimos al borde de la extinción

Noc despierta en mitad de la noche con el corazón retumbando con fuerza en su pecho. Se incorpora, sobresaltado. El sudor le empapa la piel. Respira hondo, tratando de tranquilizarse. Alrededor distingue los bultos dormidos de los miembros del clan. Escucha el familiar coro de ronquidos y respiraciones pesadas. Las llamas de la hoguera emiten un suave resplandor que no puede competir con la luz intensa de la luna, que estos días está gorda y redonda. Más allá del círculo del campamento localiza a Du y a Cort haciendo guardia, ambos con un bifaz en la mano, listos para repeler cualquier agresión. Cada noche, los machos jóvenes se turnan para proteger al grupo.

No lo ha despertado ningún peligro inminente. No, no se trata de eso. Lleva días inquieto, no sabe por qué. Algo lo ronda como un soplo gélido en la nuca.

Siempre fue muy perceptivo, mucho más que los otros. Cuando era joven, los otros machos se burlaban de él porque era más enclenque y porque muchas veces se quedaba en trance, sin hacer nada durante horas, tan quieto que los demás decían que estaba conversando con los espíritus de los antepasados.

En una ocasión, al salir de uno de esos trances sintió un impulso incontrolable. Tuvo la certeza de que si se quedaban donde estaban, en la ribera de un río, algo malo iba a sucederles, y de alguna forma consiguió convencer a los demás para moverse a otro emplazamiento. Apenas habían empezado a alejarse cuando oyeron un fuerte retumbo, como el rugido de una manada de búfalos en desbandada. Unos instantes después, una tromba de agua bajó por el estrecho cauce cargada con rocas, troncos de árboles y animales muertos. Si se hubieran quedado en donde estaban, todo el clan habría sido arrastrado por las aguas.

Desde ese día ya no se ríen de él ni se preocupan porque sea enclenque. Noc es muy hábil con las manos, así que compensa su falta de fuerza tallando herramientas de piedra, madera o hueso. Y cuando advierte de un peligro, todos le hacen caso. Eso lo agrada, pero también supone una gran responsabilidad.

Se levanta con movimientos torpes y sortea los cuerpos dormidos. Saluda con un gesto de cabeza a Du y se aleja. No mucho, pues la noche es siempre peligrosa. En la oscuridad acechan leopardos, hienas y leones en busca de presas. El fuego los mantiene a salvo, pero Noc sabe demasiado bien que basta alejarse unos pasos para acabar entre las fauces de un felino. A veces ni siquiera hace falta alejarse: cuando el hambre aprieta, las fieras más osadas se internan a la desesperada para atrapar a un niño imprudente o un bebé dormido. La vida y la muerte se rondan, siempre al acecho. La vida y la muerte se alimentan mutuamente.

Se sienta en una roca desde la que puede ver el campamento. El sudor se le ha enfriado sobre la piel y le provoca un estremecimiento, pero hace caso omiso de él. Está habituado al frío. Alza la cabeza y contempla el gran vacío, la inmensidad ciega del firmamento.

¿Qué está pasando, por qué percibe esta inquietud?

El gran vacío. La oscuridad. Sus pupilas se abren, absorbiendo la escasa luz. Siente una pulsión poderosa en el pecho que lo impulsa hacia arriba, hacia ese espacio sin límites. Siempre la ha sentido. ¿Qué serán esas luces que cuelgan sobre sus cabezas? Algunos dicen que son los fuegos de los campamentos de los antepasados. Pero, en ese caso, ¿cómo pueden estar sobre sus cabezas sin caerse?

El universo lo sobrepasa, lo aplasta, lo asombra hasta dejarlo mudo. Se hace preguntas, siempre está haciéndose hace preguntas, pero nunca obtiene respuestas.

Lleva un buen rato absorto cuando algo cambia. Algo tan inusual que, por un largo momento, duda de sus sentidos.

Las luces van desapareciendo. Una tras otra, como si una ráfaga de viento helado apagara los fuegos del gran vacío. De un extremo a otro. Incluso la luz de la más grande, que hoy parece una gacela preñada, se va debilitando hasta desaparecer.

Se levanta, asombrado, traspasado por una intensa premonición de desastre. Sus ojos abiertos al máximo observan la oscuridad.

¿Qué pasa? ¿Qué está pasando en el gran vacío?

~

Es muy posible que te reconozcas en Noc, o al menos que te sientas identificado con su asombro ante un cielo estrellado y con su sed de saber, con su curiosidad. Y lo es porque esas dos características forman parte de lo que nos identifica como seres humanos: tanto Noc como nosotros somos *Homo sapiens sapiens.* Nos separan setenta mil años, que se dice pronto, y una inmensidad tecnológica, pero somos en esencia los mismos: tenemos una capacidad craneal similar, en torno a los 1500-1600 cm^3; una mandíbula más corta y los dientes más pequeños que nuestros antepasados *habilis*, *erectus* y *sapiens*; los ojos más centrados y con mayor capacidad para percibir los colores y las distancias; menos vello corporal y una altura media aproximada, en torno a los 1,60 o 1,70 metros; y también nuestra base alimenticia es similar.

Noc y los suyos conocían y dominaban el fuego y fabricaban herramientas, todavía de piedra, básicas pero muy efectivas. Sus vidas eran muy precarias: formaban clanes de cuarenta o cincuenta individuos que se desplazaban, nómadas, siguiendo las migraciones estacionales de los animales que cazaban o la maduración de los frutos que recolectaban. Les tocó vivir en una mala época: justo cuando estaba comenzando el último período frío de la glaciación Würm. Los glaciares, que durante unos pocos miles de años habían retrocedido, volvían a extender sus zarpas por buena parte del hemisferio septentrional y amplias zonas del meridional. En las zonas donde el hielo no alcanzaba, igualmente se iba imponiendo un tiempo cada vez más frío, un paisaje de tundra, pantanos y vientos helados.

En estas circunstancias, la vida no era fácil, ni mucho menos, para el *Homo sapiens sapiens*. Por mucho nombre rimbombante que hoy le pongamos a la especie, lo cierto es que solo era un mamífero más entre los cientos de mamíferos que poblaban África, y distaba mucho de ser el más capacitado o el mejor preparado para ganar la carrera de la evolución. No era sino un animal entre animales. Si le contáramos a un león o a un elefante de entonces que ese endeble mamífero bípedo iba a ser su peor pesadilla en el futuro, lo más probable es que nos largaran un zarpazo o un trompazo de puro desdén.

Un animal entre animales... salvo por una diferencia que aparece justo ahora, hace unos 70 000 años, por algún motivo que se desconoce, aunque se sospecha de una mutación aleatoria: ese animal comienza a utilizar un lenguaje cada vez más elaborado, que le va a permitir expresarse con precisión y elaborar ideas complejas. Esa capacidad de expresión y, sobre todo, las ideas complejas que gracias al lenguaje fueron capaces de desarrollar y transmitir, convirtieron a Noc y los suyos en lo que ahora somos: la especie dominadora del planeta.

Que fuera para bien o para mal es otra cuestión.

~

Por la mañana, la oscuridad no se disipa: solo se vislumbra una tenue claridad por el este, apenas suficiente para distinguir las formas a unos pasos de distancia. El firmamento permanece cubierto por una densa capa de nubes sucias, de un gris oscuro, de las que se desprende una lluvia de cenizas que lo cubre todo.

La inquietud se extiende como una nube de mosquitos entre los miembros del clan. Machos y hembras observan el cielo, se huelen la piel, se llevan la ceniza a la boca.

Y lo miran. Noc se percata de sus miradas y escucha sus murmullos, pero permanece apartado del grupo. No sabe qué pensar. Por más que se devana los sesos, no acaba de comprenderlo. Tiene ya treinta primaveras, una edad muy considerable, se halla en plena madurez, pero nunca ha visto nada igual. Nadie ha visto nunca nada igual en el clan.

Las horas pasan y nada cambia. No se hace de día. Poco a poco, sin embargo, la inquietud y el temor van atenuándose. Una vez que los adultos comprueban que la oscuridad y la ceniza no son un peligro inminente, siguen adelante como si tal cosa. No se preguntan por lo que sucede, nunca lo hacen. Sencillamente, se adaptan. El mundo es un lugar sobrecogedor, tan inmenso que ni siquiera pueden concebirlo, y se limitan a sobrevivir día tras día. Puede que el cielo esté oscuro y que lluevan cenizas, pero igualmente hay que recolectar frutos y cazar. El clan está formado por unas tres docenas de individuos, entre machos, hembras y criaturas. Necesitan comer.

A media mañana todos están inmersos en sus tareas. Esta temporada ocupan un buen emplazamiento, la ribera de un río caudaloso que suele proporcionarles un buen número de presas. Los ríos son siempre sus lugares preferidos para establecerse: todos los animales, ellos los primeros, necesitan beber. Además, las riberas de los ríos son zonas en las que abunda la vegetación y en las que se pueden recolectar frutos.

Claro que, precisamente por eso, también son lugares muy peligrosos: por ellos rondan los depredadores en busca de presas. Por eso es necesario mantenerse siempre alerta, para advertir a tiempo la aproximación de leones, leopardos, hienas... o miembros de otros clanes en busca de alimento, hembras o un emplazamiento mejor para los suyos.

Noc pasa el día sumido en sus pensamientos, atravesado por una inquietud cada vez mayor, mientras se ocupa en la talla de unos raspadores para curtir pieles. La estación fría se acerca y el clan ha aumentado de número, así que necesitan más pieles.

Sin embargo, no consigue concentrarse en la tarea. Una y otra vez se levanta, escruta la penumbra que se ha apoderado del mundo y se pregunta qué sucede.

Mucho después, más o menos cuando debería estar comenzando a oscurecer, oye un clamor de voces alegres. Sorprendido, ve que se acercan los cazadores. Ha sido una buena jornada de caza: han conseguido matar dos gacelas, nada menos, a las que han sorprendido gracias a la oscuridad. Uno de los machos le cuenta que los animales parecen desorientados con la ceniza y que gracias a esta, además, es muy fácil seguir las huellas.

Noc asiente. Esa noche habrá un festín. Todos están contentos.

Entonces, ¿por qué sigue inquieto?

~

Noc tenía buenos motivos para estar inquieto en ese olvidado día africano de hace 70 000 años. Para estar inquieto y para preguntarse qué estaba sucediendo. Él no lo sabía, no llegaría a saberlo en toda su vida, pero a más de nueve mil kilómetros de distancia acababa de empezar la erupción del monte Toba, en la isla de Sumatra, en Indonesia: la mayor erupción volcánica de los últimos veinticinco millones de años, con una magnitud estimada de 8 en el IEV, el Índice de Explosividad Volcánica, que va de 1 a 8. Este último valor de la escala, el 8, se corresponde con una explosión supervolcánica que se describe como «apocalíptica».

Así es: el monte Toba había desaparecido. En su lugar solo quedaba una inmensa caldera, de unos cien kilómetros de largo por treinta y cinco de ancho, que con el tiempo se ha convertido en el lago volcánico más grande del mundo. El resto, la montaña entera, fue propulsada a la atmósfera con extrema violencia. Se calcula que el volcán expulsó unos 2800 km^3 de materiales que destruyeron una superficie de unos 20 000 km^2. Buena parte de esos materiales eran cenizas que, debido a los vientos dominantes, se desplazaron hacia el oeste, hacia África: hacia donde se encontraba Noc contemplando el firmamento. El volcán también expulsó unas 10 000 toneladas de ácido sulfuroso y otras 6000 de dióxido de azufre, que cambiaron radicalmente la vida de Noc y los suyos.

Y, de paso, la de todos los *Homo sapiens sapiens* del planeta.

La del Toba no fue solo la mayor erupción jamás conocida, también fue la mayor catástrofe natural ocurrida durante la existencia del *Homo sapiens sapiens*. Se estima que su fuerza destructiva fue de unos 72 000 megatones, esto es, ¡cinco millones de veces la potencia de la bomba atómica de Hiroshima!

La erupción en sí duró unas dos semanas, durante las cuales la ceniza y los gases de azufre emitidos bloquearon la luz solar entre un 25% y un 90%, dependiendo de las zonas. Las consecuencias se prolongaron mucho más tiempo: se produjo un invierno volcánico, una disminución de la temperatura global promedio de unos 3 o 3,5 ºC, que duró seis o siete años. Y, de paso, supuso el inicio de una nueva glaciación.

Solo para que te hagas una idea: en 1815, una erupción cien veces menor, la del monte Tambora, también en Indonesia, provocó el «año sin verano» de 1816, que impidió el crecimiento de las cosechas en la mayor parte de Europa, Asia o América, desató la hambruna y provocó grandes desplazamientos de población en todo el mundo.

La erupción del Toba tuvo un impacto muchísimo mayor. Causó sequías e incendios forestales, y la expulsión a la atmósfera de cientos de toneladas de ácido sulfúrico provocaron las peores lluvias ácidas de las que se tenga constancia en nuestro planeta. La consecuencia fue la muerte masiva de la vegetación en todos los continentes y la extinción de miles de especies vegetales y animales.

Los seres humanos no fueron una excepción. Noc y los suyos también estuvieron, estuvimos, a un paso de la extinción...

~

El mundo es gris. Gris ceniza, tierra desnuda, desolación. Ya nada es como solía ser. El clan vaga por páramos yermos sin saber qué hacer, cada vez más desesperado. De nada vale consultar a los ancianos, pues nadie ha vivido nunca algo semejante. De nada sirve recorrer los lugares donde antes había frutos para recolectar. Con la caza pasa lo mismo: los primeros días los animales vagaban desorientados y la tribu iba de festín en festín, pero la abundancia pronto se acabó.

Hace frío, ahora siempre hace frío. Un viento gélido azota la llanura y penetra las pieles más espesas. Este ciclo no ha llegado la renovación, las plantas no han florecido y los árboles son esqueletos desnudos. Tampoco ha habido días de calor ni frutos maduros. Las pocas presas que quedan, como las gacelas o los antílopes, se mueren de hambre o están tan delgadas que apenas proporcionan grasa.

Noc está muy débil. Tiene hambre, como todos en el clan. Hace demasiado tiempo que no come más que pellejos. Ha roído huesos hasta que se le empezaron a caer los dientes. Muchos tienen las encías hinchadas y se les caen los dientes como a él. Las peleas por el alimento son cada vez más frecuentes. Machos y hembras que antes cuidaban de sus criaturas ahora se niegan a compartir el magro botín que consiguen. El ambiente está crispado. Muchos le miran. Esperan. Exigen en silencio.

Puede ver la decepción en sus rostros. Y el miedo.

No se lo reprocha. Unos días antes, durante la oscuridad, los atacaron. Los ataques no son infrecuentes entre clanes, suelen producirse para apoderarse de una zona rica en frutos o en caza o para quedarse con las hembras de un clan rival.

Pero este ataque ha sido distinto. Se acercaron aprovechando la oscuridad, mataron a los centinelas y se apoderaron de tres criaturas y dos hembras, las más rollizas y sanas. Dos días después encontraron los restos de una gran hoguera: los atacantes se habían dado un festín. Se habían comido a las criaturas y a las hembras.

Noc intuye que la situación va a ponerse peor. Sabe que las plantas no van a florecer de un día para otro y que a medida que el hambre se haga más intensa ya no serán los de otros clanes los que rapten mujeres para comérselas, serán sus propios machos quienes lo hagan. El hambre es ciega. Contempla las caras del clan y lo único que ve es abatimiento. Hambre. Miedo.

No hay esperanza. ¿Qué van a hacer sin esperanza?

~

La erupción del Toba provocó una mortandad masiva de animales y vegetales, y los seres humanos no se libraron de sus devastadores efectos. El antropólogo y profesor de la Universidad de Illinois Stanley Ambrose calcula que, en unos pocos años, el número de parejas reproductoras de *Homo sapiens sapiens* se redujo a un total de entre mil y diez mil.

Diez mil parejas en edad de reproducirse, como máximo. Es lo que se denomina un «cuello de botella poblacional»: un descenso tan brusco de la población que provoca una reducción potencialmente letal de la variedad genética de la especie. En ese momento, estuvimos colgando del precipicio, al borde de la extinción.

El análisis comparado del ADN de las mitocondrias (unos orgánulos que producen la energía de la que se alimenta cada célula de nuestro cuerpo) en humanos actuales de todo el mundo ha permitido rastrear el recorrido realizado por los *Homo sapiens sapiens* desde sus orígenes. Los resultados son contundentes: la diversidad genética de la población africana es muy superior a la de cualquier otro continente, lo que indica de forma bastante clara que procedemos de África. Específicamente, del sur de África, muy cerca de donde vivieron Noc y los suyos.

Antes de la erupción del Toba el ser humano ya había comenzado a expandirse por otros continentes, pero Toba lo frenó todo. Provocó la desaparición de las poblaciones humanas en todo el planeta... menos en el sur de África y, quizá, en algún otro perdido rincón, como la India. Pero fue en África donde se concentraron los supervivientes de la mayor catástrofe natural jamás vista por nuestros ojos. Unos pocos se salvaron. Muy pocos, aunque los suficientes para volver a empezar. Y, con el tiempo, para volver a expandirse, lentamente, por todo el planeta.

Pero, ¿cómo lo consiguieron? ¿Cómo se salvaron y, de paso, cómo nos salvaron a todos?

~

La noche es oscuridad. Noc contempla el gran vacío. Noc busca. Se pregunta. Anhela saber.

El clan está muy debilitado. El hambre es feroz, un agujero en las tripas. Ya han empezado los primeros casos de enfrentamientos. Por todas partes es igual: el mundo se muere. No queda esperanza.

Sin embargo, Noc sigue preguntándose. Buscando respuestas. Contemplando el gran vacío. No puede darse por vencido, todavía no.

Esa noche, repentinamente, algo llama su atención. Una luz poderosa estalla en el cielo. Un fulgor intenso recorre el firmamento como una gigantesca luciérnaga celestial.

El asombro hace que se le escape una exclamación. Se pone en pie, muy agitado, gritando a todos para que despierten, para que contemplen aquella serpiente de luz. No sabe qué es, pero todo su ser grita que aquello es algo importante.

A su alrededor se abren las bocas y los ojos. De la noche brotan alaridos de temor, pero Noc apenas es consciente de otra cosa que lo que perciben sus ojos en el cielo. De la luz. Del rastro de fuego. Del temblor que lo invade, que lo sacude como un árbol zarandeado por un elefante.

No aparta los ojos del gran vacío hasta que la luz, finalmente, desaparece.

Ni siquiera así. Durante largo rato permanece inmóvil, la cabeza vuelta hacia el lugar por el que se ha ido la luz. Es la dirección en la que se encuentra el agua que no se puede beber.

Entonces, como si le alcanzara un rayo, la luz traspasa sus ojos. Se mete en su cabeza, ilumina hasta el último rincón de su ser. Cae de rodillas, asombrado más allá de las palabras, profundamente turbado. Está muy débil, al borde de la inanición, pero una ráfaga de energía le inunda y traspasa su cuerpo entero.

Lo comprende todo. Lo acaba de comprender todo.

En algún momento, mucho después, alguien lo toca en el brazo. Le cuesta salir de sus pensamientos, como si lo arrancaran de la cercanía del fuego en una noche gélida.

Echa un vistazo alrededor. Los supervivientes del clan lo rodean, lo observan con ojos de asombro, con preguntas mudas en sus semblantes.

Noc sonríe. Ya sabe la respuesta. Sabe qué han de hacer. Ha encontrado la esperanza.

—Hemos de ponernos en marcha —dice. Su voz rota levanta murmullos.

—¿Adónde iremos? No hay comida en ninguna parte. No tenemos fuerzas para caminar —interviene una hembra de edad madura.

Noc señala el lugar por el que desapareció la luz.

—Hacia el agua que no se puede beber.

La hembra objeta:

—Allí no hay nada. ¿Por qué hemos de ir?

Noc no se altera. Lo inunda una intensa paz que ilumina su rostro y dibuja una sonrisa en su rostro demacrado. Nunca se ha sentido más seguro de nada.

—El Espíritu del Gran Vacío así lo quiere —señala el firmamento, el lugar por el que apareció la luz—. Él nos guiará. Él nos protegerá.

La idea es tan asombrosa, tan magnífica. Reluce como un capullo que se abre al amanecer envuelto en el rocío. Brilla como el mismo sol.

El Espíritu del Gran Vacío.

El Ser Supremo. Un espíritu todopoderoso que se preocupa por sus criaturas. Por cada una de sus criaturas. Su protector en un mundo brutal.

Sí, han encontrado la esperanza.

Noc observa los rostros de los que le rodean. Los ve elevar sus miradas mientras la comprensión va poco a poco abriéndose paso en sus mentes. Ve los ojos que se iluminan. Las sonrisas, que brotan como hojas tiernas. Ve la energía que recorre el grupo, la esperanza que va calentando los corazones.

El Espíritu del Gran Vacío los guiará.

~

Hace unos 70 000 años, justo cuando se produjo la catástrofe del Toba, se estaba produciendo otro fenómeno de gran importancia para la especie humana, posiblemente el hecho más trascendental de nuestra existencia: el *Homo sapiens sapiens* estaba desarrollando el lenguaje complejo. El proceso lo expone de forma tan brillante como amena el profesor Yuval Noah Harari en su imprescindible *Sapiens*, que te recomiendo encarecidamente que leas.

Hasta ese momento, el ser humano se comunicaba con sus semejantes de la misma forma que otros animales con los miembros de sus propias especies: mediante una combinación de sonidos, gruñidos y gestos más o menos definidos que permitían un muy reducido número de mensajes. Sin embargo, en un período de tiempo relativamente corto, esto cambió: empezamos a utilizar lenguajes cada vez más complejos y, como consecuencia, a desarrollar ideas cada vez más elaboradas. Fue una verdadera revolución, la primera y más importante de las experimentadas por nuestra especie: la revolución cognitiva.

No sabemos por qué se produjo. Se cree que la clave fue una simple mutación genética accidental que cambió las conexiones entre las neuronas en el cerebro de los *sapiens*, una mutación tan exitosa que pronto terminó imponiéndose. Lo que sí sabemos es que la revolución cognitiva transformó el mundo de forma radical: le dio la ventaja competitiva definitiva al ser humano en la carrera de la evolución.

El lenguaje permitió transmitir información sobre el mundo con gran precisión, algo clave para conseguir sobrevivir, pero, y esto es mucho más importante, permitió también transmitir información sobre lo que no existe: sobre lo que imaginamos. El lenguaje permite hablar de lo que no se ve y compartir ideas, intuiciones, ficciones, creencias. Permite crear dioses y atribuirles poderes, como hace Noc en el relato.

No se trata de unas capacidades secundarias. Muy al contrario, las ficciones o, por decirlo de forma más suave, las creencias compartidas, son la clave de la cooperación humana. Creer en un mismo dios permite que dos individuos que no se conozcan entre sí cooperen, porque ambos comparten un objetivo en común. Creer en el dinero (otra famosa ficción, o, si lo prefieres, otra invención) permite que dos personas intercambien objetos. Creer en la existencia de la nación (cualquier nación, qué más da) nos otorga un sentido de pertenencia al grupo y nos predispone a colaborar con los demás... siempre que sean de la misma nación. Las leyes, ¿qué son, sino ficciones compartidas por todos los miembros del mismo país? El lenguaje complejo puso en marcha la revolución cognitiva, y esta nos permitió colaborar con muchísima más gente que con los cincuenta, cien o ciento cincuenta individuos que antes alcanzábamos a conocer en toda nuestra vida.

Esa colaboración es la clave de nuestro triunfo colectivo como especie. Para el profesor Harari, la insólita capacidad para inventar ficciones y, sobre todo, para transformarlas en mitos compartidos por miles e incluso millones de personas es la pieza fundamental que explica por qué «un simio insignificante» se convirtió en «el amo del planeta».

La revolución cognitiva, que coincidió más o menos con la catástrofe del Toba, hizo posible la aparición de lenguajes, creencias, culturas, mitos.

Fue el lenguaje el que inventó a los dioses. Y el mismo lenguaje me ha permitido inventarme a Noc y a su clan y situarlos en un mundo desaparecido hace setenta mil años.

Evidentemente, es todo pura ficción, pero en algún momento, o probablemente en muchos momentos a lo largo de la historia, un *Homo sapiens sapiens* contempló el universo y se preguntó, como Noc, por su sentido, o trató de explicarse mil porqués: por qué entraba en erupción ese volcán, por qué no había caza, por qué el Sol se alzaba cada mañana.

Las preguntas siempre buscan respuestas, y los dioses fueron las primeras respuestas.

Quién sabe. Quizá hubo un Noc que, ante una catástrofe como la del Toba, consiguió unir a los suyos y llenarlos de esperanza con la idea de un dios protector, y consiguió de esa forma hacerlos colaborar en vez de enfrentarse entre sí.

¿Sabías que...?

☞ La erupción del Toba tuvo consecuencias tremendas. Aunque la disminución media de las temperaturas fue de solo 3 o 3,5 °C, en las zonas más cercanas a los polos esta disminución alcanzó los 15 °C, lo que supone una temperatura media más fría que el máximo glacial de Würm o, lo que es lo mismo, las temperaturas más bajas de los últimos cien mil años. Frío, además, acompañado de una terrible sequía global. Y esta situación se prolongó durante ¡unos mil años! Las cenizas permanecieron en suspensión en la atmósfera durante unos doscientos años. Los análisis de polen muestran que el sudeste asiático quedó cubierto por una capa de cenizas de unos quince centímetros de grosor.

☞ Sin embargo, la catástrofe del Toba no fue completa. Los más recientes estudios arqueológicos demuestran que en algunas zonas de Sudáfrica, en torno a Pinnacle Point, la vida de nuestros antepasados no sufrió apenas alteración, o al menos ninguna alteración que haya dejado huellas arqueológicas. La clave parece hallarse en la abundancia de marisco, altamente nutritivo y mucho menos susceptible de sufrir los efectos devastadores de la erupción que las plantas y los animales terrestres. Las poblaciones que vivían en la costa, o las que se dirigieron a la costa tras la catástrofe, consiguieron salvarse. Lo que ya no sabemos es si Noc y los suyos, con la ayuda del Espíritu del Gran Vacío, consiguieron llegar...

☞ Tras la catástrofe del Toba, superados los terribles efectos de la erupción y sus consecuencias en los siglos posteriores, los seres humanos reiniciaron su expansión en busca de zonas con mejores condiciones. En primer lugar se dirigieron hacia el norte de África. Desde ahí, tras atravesar Arabia, un grupo alcanzó Europa y otro se fue extendiendo por Asia, dividiéndose durante este largo camino en subgrupos que fueron ocupando diversas zonas: unos se dirigieron a Australia, a la que arribaron hace unos cincuenta mil años, y se convirtieron en los antecesores de los actuales aborígenes australianos; otros colonizaron China, Corea, Japón y de ahí saltaron a América.

☞ La revolución cognitiva, que coincidió en el tiempo con la erupción del Toba, fue el punto de arranque de la humanidad, el momento en que los *Homo sapiens sapiens* dejaron de depender de la biología y entraron en la historia. El momento en que nos convertimos en humanos, en definitiva. Hasta la revolución cognitiva, todo cuanto hacían nuestros antepasados se explica por las leyes de la biología, igual que se explican los actos de los leones o las margaritas, por poner dos ejemplos. Tras la revolución cognitiva, el hombre empezó a explicarse a sí mismo: la historia, real o inventada, la narración de la historia, sustituyó a la biología. Nuestros genes y las condiciones que hacen posible nuestra vida no permiten explicar el desarrollo y la expansión del Imperio romano o la existencia de multinacionales. Para entender su existencia hay que recurrir a las ideas y las ficciones. Y estas surgieron, como los dioses, como consecuencia directa de la revolución cognitiva.

EDAD ANTIGUA

La herramienta que convirtió la palabra en eterna

Lo despiertan los sonidos familiares de la ciudad que comienza a desperezarse más allá de la ventana. Udul abre los ojos y se estira perezosamente, sin levantarse todavía del jergón de paja sobre el que descansa. Le gusta ese momento de la mañana, cuando el aire es todavía fresco y la jornada se extiende ante él repleta de promesas.

Hasta que le viene el recuerdo de Etana, su maestro. Su mera imagen basta para amargarle el despertar. Enfadado consigo mismo, aparta al monje de su cabeza. No quiere pensar en él, todavía no. Se incorpora y, apoyado contra la pared, se concentra en la oración que todas las mañanas dirige a Nisaba, la patrona de la ciudad, la diosa de la fertilidad y la sabiduría. «¡Señora coloreada como las estrellas del cielo, Nisaba, gran vaca salvaje nacida de Uras, mi señora, la más poderosa, dame entendimiento para servirte en este nuevo día!».

Tras la oración permanece remoloneando unos instantes más en el jergón. Sus ojos pasean por la estancia, de las paredes ocres de adobe al candil de barro cocido que reposa en el suelo, al lado del cofre que guarda sus ropas. Su atención, sin embargo, está puesta en los sonidos del exterior: el ladrido distante de un perro que conduce a las ovejas al campo, la cháchara de las mujeres que se dirigen a la fuente pública para llenar los cántaros, las toses de Jushur, el esclavo, que se asea en el patio.

Y la voz fresca de la hermosa Kubaba, su vecina. Como impulsado por un resorte, se levanta y se asoma a la ventana. La muchacha está hablando con una criada en la puerta de su casa, del otro lado de la estrecha calle. Por un delicioso instante, sus miradas se cruzan y ella tarda una fracción de tiempo más de lo debido en apartarla. Udul incluso cree percibir una brevísima sonrisa en los labios de su amada.

Porque ya no puede seguir negándoselo a sí mismo: está enamorado de Kubaba. Algo muy inconveniente, porque poco puede hacer al respecto. En la ciudad sumeria de Uruk, como en todo el mundo civilizado hasta donde se le alcanza, son los padres los que conciertan los matrimonios. Ellos deciden quién se casa con quién tras analizár muy detenidamente los méritos y deméritos de los candidatos... y de sus linajes, por supuesto. Al menos así sucede en las familias importantes, y la suya lo es: una de las principales estirpes de sacerdotes del templo de Nisaba. La familia de Kubaba también es acomodada, aunque de rango inferior. Y eso le tiene sumamente preocupado...

—¡Udul! ¿Todavía estás dormido? ¡Arriba, chico perezoso, que vas a llegar tarde! ¿Quieres que Etana vuelva a quejarse de ti a tu padre? —La voz de su madre le hace salir de sus ensoñaciones y le estrella contra la realidad. Etana, cómo no. El maestro le espera, como todos los días.

El muchacho suspira para sí, sintiéndose por un instante el ser más desdichado del universo. Etana es un maestro estricto y exigente como pocos, y además le tiene manía: aprovecha cualquier ocasión para dejarle en ridículo antes sus compañeros. Udul sabe que en realidad la pendencia no va con él, sino con su padre. Ambos son sacerdotes del mismo templo y se conocen de toda la vida, pero no se soportan desde que tuvieron una agarrada por quién sabe qué, siglos antes de que Udul naciera. Lo cual hace que todo sea mucho más injusto...

—¡Hijo, no voy a repetírtelo!

Udul suspira una vez más. ¿Por qué será todo tan difícil?

~

Mesopotamia, la tierra entre ríos, el país de los canales y la fertilidad. En el sur de esta amplia región del Próximo Oriente se hallaba Sumer, donde floreció la civilización sumeria: la más antigua del mundo, hasta donde hoy sabemos. El lugar en el que todo comenzó.

La lista de las «primeras veces» de Sumeria es tan asombrosa como interminable: ellos establecieron las primeras leyes, construyeron los primeros diques, fijaron el primer código de pesas y medidas y crearon el primer sistema numérico, inventaron la polea, la rueda, el arado y el carro, desarrollaron la multiplicación y la división, las raíces cuadradas, la geometría y el álgebra, crearon las primeras escuelas y, por supuesto, inventaron la herramienta que lo cambió todo, la que rompió los límites de nuestra memoria y nos liberó de la esclavitud del tiempo: la escritura.

Sumeria fue, en muchos aspectos, el amanecer de la humanidad. Han pasado cinco mil quinientos años desde que esta civilización dio sus primeros pasos, un lapso temporal muy considerable a escala humana: nuestra historia entera cabe ahí.

Desde la distancia, todo lo que tiene que ver con Sumer se nos antoja tan fresco como las horas previas al alba de un caluroso día de verano. En Sumer, nos parece, todo era posible porque todo estaba por hacer.

Pero, ¿qué idea tendría un sumerio como el joven Udul de su mundo? Probablemente, su percepción te sorprendería: para Udul, Uruk, la ciudad-estado en la que vivía hacia el 3200 a.n.e. (antes de nuestra era), todo estaba ya hecho. Para él, Uruk era la culminación de un larguísimo proceso, el final de una prolongadísima historia de la que ellos eran la gloriosa consecuencia.

Y tenía más razón de lo que imaginas. Para cuando Uruk apareció y se convirtió en ciudad dominante, Mesopotamia llevaba miles de años habitada. Todos los hitos que hoy conocemos de su historia, el surgimiento y caída de los imperios acadio, babilónico, asirio y neobabilónico, con esos reyes que se hicieron legendarios, Sargón, Hammurabi, Asurbanipal, Nabucodonosor y tantos otros, todo eso quedaba todavía por delante, era un futuro inimaginable.

Sin embargo, Mesopotamia ya tenía miles de años de (pre) historia: había recorrido un larguísimo camino que la llevó desde el nomadismo hasta el surgimiento de las ciudades, los reinos y los imperios.

Todo había comenzado unos nueve mil años antes de que Udul naciera. Ese es el primer dato para el pasmo: Sumeria, que surgió hace cinco mil años, nos parece antiquísima... pero el proceso que llevó a los sumerios a desarrollar su civilización tenía unos antecedentes casi el doble de largos. Y muchísimo más desconocidos para ellos, pues todavía no habían inventado la escritura y, por tanto, su conocimiento de los tiempos pasados se limitaba a lo que la memoria conseguía conservar de generación en generación, por lo general en forma de mitos y leyendas, más fáciles de recordar y transmitir.

Diez o doce mil años antes de nuestra era, en diferentes lugares del Próximo Oriente, diferentes grupos de cazadores y recolectores comenzaron a domesticar animales y a desarrollar la agricultura. La consecuencia fue que abandonaron poco a poco la vida nómada y fueron estableciéndose en pequeños poblados. En un proceso muy lento, de prueba y error, que duró miles de años, el sedentarismo se fue extendiendo y los núcleos habitados de forma estable fueron creciendo, a medida que aumentaban los recursos y medraba la población.

Espera. Déjame que insista en esta idea: un proceso que duró miles de años. Piensa en lo que ha cambiado el mundo en los últimos, digamos, dos mil años: hemos pasado del Imperio romano a este mundo hipertecnificado y globalizado, y por el medio hemos tenido cientos de años de feudalismo medieval, decenas de guerras, invasiones como las de los musulmanes o los mongoles; han surgido y han desaparecido pueblos enteros (recuerda a los suevos o los visigodos, por hablar solo de la península ibérica, de los que no quedan sino algunas huellas aisladas); hemos explorado el planeta y los europeos han conquistado continentes enteros; se han desarrollado las monarquías absolutas y hemos tenido cientos de reyes que ya a nadie importan; hemos desarrollado la ciencia, la filosofía, la música y el arte y hemos tenido varias revoluciones industriales y muchas revoluciones políticas, empezando por la francesa; hemos creado Estados nacionales, nos hemos enfrentado en guerras mundiales devastadoras, hemos llegado a la Luna e inventado internet... Y todo esto solo en dos mil años.

De los miles de años que transcurrieron entre la creación de los primeros asentamientos permanentes y el surgimiento de las primeras ciudades apenas sabemos nada, pero durante ese larguísimo período hubo millones de seres humanos que nacieron, vivieron, soñaron, desearon, inventaron, gobernaron, odiaron y se mataron entre sí. Granos de arena arrastrados por el viento...

En tiempos de Hammurabi, casi mil quinientos años después de la vida de Udul, los babilonios recordarían a su manera estos tiempos primigenios: «No se había construido ningún templo, no había brotado ningún junco..., no se había construido ninguna casa, no se había creado ninguna ciudad... El mundo era un marjal y un cañaveral», dice un poema dedicado al dios Marduk. Y termina, de forma muy significativa: «Entonces Marduk construyó Uruk».

El autor o la autora del poema tenía razón... a su manera. Porque aunque las primeras ciudades que conocemos se crearon en puntos fuera de Mesopotamia, como Çatal Hüyük en Anatolia, el salto cualitativo, el paso de una civilización neolítica a una urbana, se dio en Mesopotamia.

A medida que las zonas llanas iban drenándose y haciéndose habitables tras los deshielos del final de la última glaciación, la Würm, los agricultores y los ganaderos fueron abandonando las montañas y extendiéndose por la fértil llanura aluvial. Durante milenios, diferentes pueblos se instalaron en la región que mucho después se conocería como Mesopotamia, la tierra entre los grandes ríos, el Tigris y el Eufrates, cuyas desembocaduras, por cierto, se hallaban bastante más al norte que en la actualidad.

Hacia el 5000 a.n.e., un nuevo pueblo se instaló en el curso bajo de estos ríos: los sumerios. Su procedencia es un misterio que se resiste a ser desvelado, aunque no faltan hipótesis: unos dicen que venían del norte, de alguna zona entre los mares Negro y Caspio; otros, que del territorio del actual Irán; otros más, que de la India...

Qué más da. Lo que realmente importa es lo que hicieron estos primeros antepasados de Udul.

La primera tarea de estas gentes fue construir kilómetros de canales y diques para regular las crecidas de los ríos y fertilizar extensas zonas de desierto. Fue una labor ingente, que exigió una organización social cada vez más compleja, pero que tuvo grandes beneficios: permitió alimentar a una población creciente y obtener excedentes para comerciar. A su vez, hizo necesario construir edificios para usos diferentes al de simples viviendas: silos para el grano, corrales para los animales, almacenes para la producción de cerámica, talleres para la elaboración de los útiles cotidianos...

La sociedad se hizo más y más compleja a medida que muchos individuos fueron especializándose a tiempo completo en tareas diferentes a las labores propiamente agrícolas y ganaderas. Hacían falta artesanos para elaborar cerámica, tejidos y herramientas; mercaderes para cambiar los sobrantes de las cosechas por metales y productos de otros lugares; soldados para proteger los poblados y las riquezas que se iban acumulando; sacerdotes para decidir cuál era el mejor momento para sembrar y para interpretar las señales de los dioses; gobernantes para organizar la vida diaria y la construcción y conservación de los canales... El mundo de los seres humanos fue ganando en complejidad y en diversidad, y el mucho más igualitario Paleolítico fue quedando atrás.

El crecimiento de la población permitió que se fundaran cada vez más asentamientos, aldeas que crecieron hasta convertirse en ciudades. Una de ellas, quizá la primera y sin duda la más importante durante unos mil años, fue Eridu, en el curso bajo del Éufrates, que llegó a tener en torno al 4500 a.n.e. una población de unas tres o cuatro mil personas. Muy pocas si lo comparamos con las cifras que después alcanzarían Uruk o Babilonia, pero supuso un salto cualitativo. Aquí, en Eridu, el mundo sumerio comenzó a organizarse, los dioses empezaron a ocupar su lugar y los sacerdotes fueron asumiendo cada vez más funciones; aquí también se crearon los primeros templos, los precedentes de los magníficos zigurats que durante miles de años se convertirían en la seña de identidad de Sumeria.

En los primeros tiempos, el sistema de gobierno todavía era bastante igualitario. Al frente se hallaba un jefe, aunque su autoridad estaba limitada por una asamblea o un consejo consultivo. Era sobre todo un primero entre iguales, un cabecilla que tomaba las decisiones con el consenso de sus conciudadanos.

Sin embargo, la construcción y conservación de los canales de riego y las luchas entre distintas ciudades por las mejores zonas de cultivo favoreció la concentración de la autoridad. A lo largo de cientos de años, los líderes locales fueron acaparando el poder político, militar y religioso, hasta establecer monarquías cada vez más absolutas. Paralelamente, las diferencias sociales se fueron acentuando, se extendió la esclavitud, ya fuera por deudas o por guerras, y la riqueza fue concentrándose en unas pocas manos. Ya, la historia de siempre, solo que esta era la primera vez.

Así estaban las cosas cuando Uruk, la ciudad en la que vive nuestro protagonista, el joven Udul, creció hasta arrebatarle la primacía a Eridu, allá por el 3800 a.n.e. Creció tanto que llegó a contar en su apogeo con una población de entre 50 000 y 80 000 habitantes, algo jamás visto en la historia hasta ese momento. Uruk fue la primera ciudad digna de tal nombre y el origen de algunas de las grandes contribuciones de Mesopotamia a la humanidad: la rueda, el torno de alfarero y, sobre todo, la escritura.

Hacia el 3200 a.n.e., Uruk era la mayor urbe del mundo, una ciudad nunca antes vista que iba siendo rodeada poco a poco, con gran esfuerzo, por unas imponentes murallas que llegaron a tener unos diez kilómetros de longitud y que protegían magníficos templos. Eran los primeros siglos de una urbe «cuyo nombre resplandece como el arco iris, centelleando en el firmamento con un brillo multicolor», según asegura la epopeya de *Enmerkar y el señor de Arata*, que narra la vida y los hechos de este legendario rey de la I dinastía de Uruk.

Alrededor de la ciudad se extendían kilómetros de acequias y canales que fertilizaban los campos y permitían obtener generosas cosechas. En las orillas de los ríos abundaban los jabalíes, los antílopes, las gacelas y los corzos, las cabras y las liebres, y las marismas se agitaban con el estruendo de gansos, patos, perdices, ocas y flamencos.

En el interior de la ciudad, los artesanos producían manufacturas que los mercaderes utilizaban para comerciar con otros enclaves urbanos. Las tierras y el ganado pertenecían mayoritariamente a la divinidad de la ciudad, y en su nombre eran administradas por el rey-sacerdote, un cargo ya hereditario, del que dependían los demás sacerdotes, los funcionarios y los guerreros. El antiguo comunitarismo había derivado en un Estado teocrático.

Los templos eran las grandes empresas de la época: poseían y cultivaban por medio de esclavos y siervos los campos; disponían de artesanos que elaboraban tejidos, muebles y ornamentos, producían cerveza (sí, los sumerios también inventaron la cerveza) y cobraban sus salarios en cebada; organizaban caravanas para vender los excedentes en lugares tan distantes como el todavía balbuceante Egipto, la zona de la que después fue Persia o las lejanas tierras del río Indo, y atesoraban las riquezas obtenidas: la muy escasa madera, marfil, metales, joyas... Los ciudadanos que no trabajaban directamente para los templos debían pagar un tributo y colaborar en la construcción de las murallas, las acequias, los edificios religiosos y los palacios.

A finales del IV milenio antes de nuestra era, Uruk destacaba como una gema en un mundo de pequeñas aldeas, escasas ciudades, grupos de nómadas y una naturaleza tan impredecible como omnipresente. Todo estaba todavía por hacer, pero para sus ciudadanos, el joven Udul entre ellos, Uruk era la mayor muestra posible de civilización y esplendor. Tras ellos quedaban miles de años durante los cuales sus antepasados habían ido excavando acequias y domeñando la naturaleza. Uruk simbolizaba el orden y el progreso, la seguridad y el bienestar: la civilización.

~

El sol es una bola de fuego en lo alto del firmamento. El calor es intenso, tanto que, pese a que están a la sombra en el interior del edificio, el sudor empapa su piel y Udul tiene que hacer serios esfuerzos para que no se le resbale el punzón. Y para no quedarse dormido.

Lleva horas en la casa de las tablillas, como se conoce la escuela a la que acuden los hijos de los sacerdotes y los altos dignatarios. Como siempre, han sido horas de aburrimiento, de repetición mecánica de los mismos trazos. Todos los alumnos tienen que aprenderse de memoria los signos que identifican a cientos de animales, plantas, objetos, lugares y ciudades, además de los nombres propios de personas importantes y de los propios dioses. Un verdadero suplicio que les obliga a horas de inmovilidad.

Todos los días siguen la misma rutina: primero, tras la oración a la diosa Nisaba, cada alumno prepara las tablillas de barro que usará para sus prácticas de escritura; la labor es compleja, requiere de la adecuada mezcla de barro y agua y es necesario conseguir que quede suficientemente compacta, con la consistencia necesaria para que las marcas queden bien definidas. Después vienen las interminables horas de práctica bajo la mirada vigilante del *ummia*, el maestro.

¿Existe en alguna parte una vida tan aburrida como la suya? Cuando de pequeño su padre le leía en voz alta lo que estaba escrito en las tablillas, Udul sentía que se hallaba ante una manifestación de la poderosísima magia de los sacerdotes. ¿Quién, sino ellos, eran capaces de atrapar el tiempo y el conocimiento en un pedazo de arcilla?

Todavía lo sigue pensando: la idea de que unas marcas trazadas con un tallo vegetal sobre la arcilla puedan atrapar hechos, datos y conocimientos, y que dichas marcas puedan después ser interpretadas por quienes no las han escrito, incluso por gentes que se hallan muy lejos o nacidas después de la muerte del que las ha trazado, es tan asombrosa como aterradora.

Por desgracia, su realización práctica no es tan fascinante. De hecho, es todo lo contrario: una aburridísima repetición mecánica de cientos de trazos, uno por cada cosa que existe en el mundo. Udul comienza a darse cuenta de que el conocimiento, una vez que se alcanza, resulta mucho menos fascinante que el misterio.

¡Ah, por Kur, la serpiente-dragón del inframundo! Daría cualquier cosa por ser libre como un mercader, por viajar a lejanos lugares y conocer a otras gentes, pero la idea de que alguien de su posición social se dedique a comerciar es sencillamente inimaginable. Su destino está establecido por los dioses desde su nacimiento, le guste o no: será sacerdote del templo de Nisaba.

Abstraído, dejándose llevar por la melancolía, suspira para sí. Al menos, así podrá seguir viendo a la hermosa Kubaba. Su recuerdo es lo único que consigue aliviar algo la tortura de la interminable jornada. ¡Ansía tanto verla de nuevo, aunque solo sea un instante fugaz!

Una fuerte colleja impulsa su cabeza hacia delante.

—Pero, ¿qué es esa basura? ¡Hasta un mulo borracho haría mejores trazos!

Cogido de sorpresa, la tablilla escapa de sus manos y cae al suelo, donde se rompe en pedazos. Las risas de sus compañeros le hieren los oídos hasta que el maestro Etana les ordena con una orden seca que se callen. El silencio es inmediato: nadie desobedece nunca al sacerdote.

—¡Por Nisaba! No solo eres inútil, también torpe. ¿Cuántas veces te he dicho que sujetes con cuidado la tablilla? ¡Pero no, el gran Udul se pasa el día soñando en vez de concentrarse en el servicio de la diosa! ¿Te crees tan importante? ¡Eres igualito que tu padre, un bobo soñador! Pero no te preocupes, como me llamo Etana que voy a quitarte tanta estupidez de la cabeza. ¡Dumuzid, vete a buscar al encargado del látigo!

El silencio se hace más espeso en la estancia. El encargado del látigo es un siervo del templo, un tipo brutal que disfruta con su miserable tarea. Todos los alumnos lo temen, pues todos han probado en una u otra ocasión su herramienta de trabajo. Etana es un maestro estricto, que no tolera el menor desliz.

—¿Me habéis mandado llamar, venerable Etana? —El perfil grueso y basto de Ubara, el encargado del látigo, se recorta un poco después, en el marco de la puerta, contra la claridad deslumbrante del exterior.

Udul traga saliva. La mera visión del siervo lo hace desfallecer. En el aula solo se oye el zumbido interminable de las moscas.

—Nuestro estimado Udul te echa de menos —responde el maestro con una sonrisita maliciosa, como si le hiciera gracia su propio chiste. Mas al punto se torna serio de nuevo—. Ubara, tienes la sagrada misión de conseguir que Udul aprenda de una vez a concentrarse en su tarea. —Guarda silencio y recorre la estancia con la mirada, consciente de que todos están prendidos de sus palabras, a la espera de la sentencia. Asiente para sí, satisfecho de la atención—. ¡Siete latigazos!

Un murmullo de consternación sacude la estancia. Siete latigazos son suficientes para dejar marcada la piel durante días.

Udul se pone en pie. No va a mostrar debilidad. No va a dar esa satisfacción a su maestro. Aprieta los dientes con fuerza y, sin decir una palabra, se dirige al lugar de los castigos. Ya lleva el torso desnudo, pues viste únicamente, como todos sus condiscípulos, una falda de lana de oveja, así que solo tiene que apoyar las manos en la pared y aguardar, conteniendo la respiración, a que Ubara haga su trabajo.

~

El joven Udul tenía mucha razón: la escritura, la idea de atrapar el conocimiento en una piedra, es asombrosa. Es, de hecho, la gran revolución de la humanidad, el invento que nos convirtió en lo que somos, que nos otorgó un poder hasta entonces inédito: nos permitió conservar las experiencias vitales y los conocimientos adquiridos a lo largo de cada vida para siempre. Gracias a la escritura ya no fue necesario volver a aprenderlo todo en cada nueva generación. La transmisión oral del conocimiento, que tan a menudo se convierte en mitos y leyendas para facilitar el recuerdo, es un método muchísimo menos eficaz y, sobre todo, mucho más sujeto a tergiversaciones que la escritura.

De hecho, la escritura es tan poderosa que desde un principio se convirtió en una herramienta del poder, solo accesible para los elegidos. En Sumer, esos elegidos eran los escribas, miembros del orden sacerdotal que ejercía el poder político, económico y social.

La formación de un escriba estaba estrictamente reglada. En los tiempos de Udul el sistema todavía se hallaba en proceso de gestación, pues la propia escritura se encontraba en un estadio muy inicial, pero en los siglos sucesivos fue fijándose su estructura.

Los niños destinados a ser escribas comenzaban su formación desde muy pronto en la «casa de las tablillas», como llamaban a la escuela. Estaba dirigida por el «padre de la casa de las tablillas», que ejercía su autoridad sobre todos los miembros de la escuela: el maestro de sumerio, el maestro de dibujo, el «gran hermano» (el alumno de más edad), el encargado del látigo...

La jornada escolar se prolongaba desde primera hora de la mañana hasta la tarde. El sistema educativo se basaba en la memorización. Primero aprendían a hacer las tablillas y las cañas con las que escribían; después practicaban los signos básicos y las interminables listas de nombres que aburren tanto a Udul. Además, debían aprender operaciones matemáticas en el complicado sistema sexagesimal que usaban los sumerios. Como recuerda una tablilla, «De todos los oficios humanos que existen sobre la tierra y cuyos nombres ha nombrado Enlil, no hay profesión más difícil que el arte del escriba». Y no solo por la complejidad de los conocimientos que debían adquirir, sino porque los métodos de enseñanza incluían frecuentes castigos y la utilización del látigo, como el pobre Udul sabe muy bien.

El proceso de aprendizaje —que conocemos con detalle gracias, precisamente, a los testimonios escritos que dejaron los propios escribas— era en efecto muy duro, pero garantizaba una vida de privilegios. Los escribas constituían una casta poderosa, pues el reino dependía de ellos: eran los que llevaban la administración, los que dejaban constancia de qué operaciones financieras se habían realizado, qué compras y qué ventas, cuántas cabezas de ganado pertenecían a este o aquel templo, de quién era esta o aquella casa, qué impuestos se habían pagado y cuáles se debían. Sí, los primeros usos de la escritura distaron mucho de ser literarios o siquiera religiosos: fueron cuentas, contratos, números.

Pero los escribas no solo administraban el país: también dejaban constancia de la historia de su ciudad, de los hechos gloriosos de sus gobernantes, de sus mitos y las proezas de sus dioses. En cierta forma, eran ellos los que concedían la inmortalidad a sus dioses y a reyes. Los escribas eran los notarios del poder y, también, los primeros literatos. Hasta nosotros han llegado, gracias a los escribas, relatos de la vida diaria de Sumer que son ventanas que iluminan un mundo ya desaparecido.

El joven Udul se queja, y es comprensible que lo haga, pues el aprendizaje de los misterios de la escritura era largo, duro y tedioso. Pero, ¿cómo se llegó a ese punto, cómo comenzó la escritura? ¿Dónde y cuándo surgió la idea, para nosotros natural pero en su momento prodigiosa, de fijar las palabras y convertir en eternos los pensamientos?

El primer impulso debió de ser la necesidad de recordar un dato concreto: una fecha, un número, un mensaje. Unas líneas serpenteantes trazadas en una roca podrían avisar de la cercanía de un río, un lugar por tanto en el que abundaban las presas, y si se cruzaban las líneas ondulantes con otra transversal quizá sugiriera la existencia de un vado para atravesar el río. Unas muescas en una vasija de barro podrían representar la propiedad de la vasija, o quizá la identidad de su fabricante; otras muescas podrían ser referencias a este o aquel dios protector.

Marcas de este tipo, hasta ahora indescifradas, aparecen al lado de las pinturas rupestres en multitud de cuevas, entre ellas las de Lascaux y Chauvet, en Francia; y también al aire libre en el valle del Côa, en el norte de

Portugal. En Jiahu, China, han aparecido hasta dieciséis marcas diferentes grabadas sobre caparazones de tortuga y fechadas en el VII milenio a.n.e.; al norte de Grecia, en las tierras de las actuales Serbia, Rumanía, Bulgaria y Macedonia, donde entre el VI y el III milenio a.n.e. se desarrolló la más temprana cultura europea conocida, la llamada cultura de Vinča, se encontraron abundantes marcas sobre objetos de arcilla cuyo significado desconocemos. No son los únicos ejemplos.

Pero todas estas marcas no son todavía escritura: no tienen significado lingüístico, al menos hasta donde podemos saber. Son, eso sí, el inicio de un largo camino que llevó al desarrollo de la escritura propiamente dicha y que pasó por diversas fases.

La primera fase fue la utilización de pictogramas, representaciones más o menos esquemáticas, universalmente reconocibles, de objetos reales: la representación de una oveja, de una mano o del sol, por ejemplo. En unos casos, el pictograma era un icono, esto es, representaba exactamente lo que significaba (una oveja aparecía representada como una oveja, una mano como una mano); en otros casos, el pictograma era un símbolo, esto es, el significado se deducía por convención previa y precisaba de aprendizaje (el sol podía ser un icono que significaba «sol» o un símbolo que significaba «día»).

El desarrollo de los pictogramas se inició en el Próximo Oriente, y tuvo relación directa con la contabilidad. De hecho, se inició en las primeras aldeas agrícolas por la necesidad de llevar algún tipo de cuentas de las cosechas y los rebaños. Al principio, muy probablemente, estas cuentas se realizarían con piedrecillas que, por ejemplo, se irían poniendo en un montón para sumar las cabezas de un rebaño.

En Sumer dieron un paso más: sustituyeron las piedras por piezas de arcilla, que por allí era abundante. Esto permitía diferenciar sus formas, por ejemplo usar cuadrados de arcilla para las ovejas, conos para las cabras, etc.

En algún momento, esas formas comenzaron a guardarse en el interior de una bola de arcilla, cerrada para que nadie pudiera modificar su contenido. Así, por ejemplo, el dueño de un rebaño podía anotar cuántas ovejas le dejaba a tal pastor para que se las cuidara durante un año. Se guardaban en el interior de la bola tantos cuadrados de arcilla como ovejas se ponían al cuidado del pastor y cuando este volvía, al cabo de un tiempo, se rompía la bola de arcilla para hacer recuento.

Cientos o miles de años después a alguien se le ocurrió marcar el exterior de la bola de arcilla para no tener que romperla si se quería recordar qué contenía. Así aparecieron los primeros pictogramas: la cabeza de oveja del ejemplo. O diez cabezas, si se habían cedido diez animales al pastor.

La segunda fase de la evolución de la escritura fue el desarrollo de ideogramas; la diferencia no es mucha, pero el salto es cualitativo. Un ideograma es una representación abstracta que no guarda relación aparente con el objeto representado; por tanto, su interpretación requiere de un acuerdo previo. Siguiendo con el ejemplo de la oveja: poco a poco, a medida que el pictograma se repite de generación en generación, el escriba va simplificando su representación, le suprime las orejas, le quita los ojos y termina dibujando un círculo con una cruz dentro. En ese momento, la oveja ha desaparecido, sustituida por un símbolo abstracto, y solo el que se ha informado previamente sabe que el círculo representa una oveja. El proceso de abstracción está favorecido por los materiales empleados: es muy complicado reproducir curvas con un junco sobre el barro, resulta mucho más fácil trazar líneas rectas. Por eso, en Sumer el círculo termina transformándose en un triángulo o en un cuadrado, por ejemplo, y después en tres o cuatro líneas sueltas.

La ventaja añadida de esta segunda fase es que los ideogramas ya permiten conceptos abstractos. Así, el signo matemático de la suma, «+», es un ideograma que expresa un concepto que no existe en la naturaleza.

En Mesopotamia, poco a poco, las inscripciones en el exterior de las bolas de arcilla fueron haciéndose más complejas e incorporando ideogramas. En un principio, si le habían dejado ocho ovejas y dos cabras al pastor, dibujaban ocho pictogramas de oveja y dos de cabra; después dibujaban uno solo de cada, con ocho palitos o marcas para las ovejas y dos para las cabras. Tiempo después, a alguien se le ocurrió, por ejemplo, rodear cinco palitos con un círculo, y ese signo pasó a significar «5». Habían descubierto los ideogramas. Y los numerales, de paso.

Otros cuantos cientos de años más y otro genio desconocido pensó que, en realidad, las bolas de arcilla no eran necesarias. Era muy lento y engorroso tener que modelar figuritas de arcilla de ovejas y cabras, esperar a que se secaran, envolverlas todas en una bola de arcilla mayor, dibujar en su exterior cuántas figuritas de ovejas y cabras se habían metido en el interior... ¿Por qué no prescindir de las figuritas y limitarse a anotar sobre una placa de arcilla el número de ovejas y cabras? Así desaparecieron las bolas de arcilla y aparecieron las tablillas. La escritura había iniciado su andadura.

Pero no, todavía no podemos lanzar las campanas al vuelo. Los pictogramas y los ideogramas carecen de valor lingüístico: no representan palabras, sino conceptos. Además, ambos tienen un problema serio: cualquier escritura basada en ellos requeriría de miles de iconos y símbolos, tantos como conceptos se necesitase expresar. Y eso, como sabe bien el joven Udul, exige muchísimo trabajo de aprendizaje previo...

No, todavía no podemos hablar propiamente de escritura. Falta un paso.

~

Esta mañana ha vuelto a ver a Kubaba desde la ventana de su habitación. Solo de recordarlo, la sonrisa se le sube a la cara, incontenible. Y es que en los últimos días algo ha empezado a crecer entre los dos. Ahora ya no es él solo quien la devora con los ojos: también ella lo mira, y en su mirada Udul cree ver el mismo deseo, la misma esperanza compartida...

La jornada está ya muy avanzada, pero todavía falta por registrar una caravana. Como una parte más de su aprendizaje, los alumnos ayudan a los sacerdotes a tomar nota de los cargamentos que traen las caravanas del templo. Los mercaderes llevan a lugares lejanos cereales, frutas, pescado seco del que abunda en el Éufrates, ovejas, pieles y manufacturas de Uruk, bolsas, alfombras y tejidos; y traen productos que escasean en la ciudad y son muy demandados: oro, plata, plomo o estaño, joyas y maderas, armas, betunes y perfumes... Así incrementan los templos su riqueza, en vez de limitarse a almacenar los sobrantes de los productos que obtienen en sus tierras.

Udul se seca el sudor de la frente con un trapo y se dirige con una tablilla nueva en la mano a uno de los comerciantes. Lo conoce ya de otros viajes y lo saluda con agrado. Se llama Nebu y rondará los veintipocos años. Pese a su juventud, es un experimentado viajero que ha visto con sus propios ojos lugares como Lagash, Nippur o Kish. Una vez incluso llegó hasta las costas del gran mar del oeste, que se halla a muchas jornadas de viaje a través del desierto.

A Nebu le gusta hablar de sus viajes y él es un oyente agradecido, pero este día el maestro Etana está especialmente picajoso y Udul no tiene ganas de más castigos: todavía le duele la espalda por los latigazos de la semana anterior. Además, está deseando llegar a casa para hablar con su madre. Ha decidido confesarle lo atraído que se siente por Kubaba. Tiene la esperanza de que ella convenza a su padre para que concierte el matrimonio.

Saluda a Nebu, intercambia con él las cortesías habituales y, sin más preámbulos, guiado por el mercader, comienza a revisar y a anotar la carga. Es una tarea tediosa, especialmente cuando, como en ese caso, se trata de una gran caravana. Observa a sus compañeros que, en diferentes puntos del patio del templo, hacen lo mismo que él, y después contempla la larga serie de mercancías que le quedan por anotar.

Suspira, frustrado. La impaciencia le arde en las tripas, pero sabe que no le queda más remedio que anotar todo aquello en la tablilla.

—¿Qué es esto? —le pregunta a Nebu tras abrir un pequeño recipiente lujosamente adornado. En su interior hay dos objetos de hueso, de forma más o menos cúbica, con marcas en cada una de sus caras.

El joven mercader sujeta los pequeños cubos con la mano y, con una sonrisa, explica que se trata de algo sagrado, un objeto que permite hablar con los dioses y conocer el destino de un hombre.

—Para conocer tu destino, debes tirar los dados e interpretar los dibujos...

Las palabras de Nebu dibujan pasmos en la cara de Udul.

—¿Y con eso puedes conocer tu destino? ¿Saber lo que te va a pasar?

—Así es. Pero me temo que no es tan sencillo, hace falta alguien versado en la adivinación para interpretar los dados. En el norte es algo habitual en los templos, pero por aquí todavía no se conocen. Por eso los he traído...

Udul suspira. Así que con aquellos... ¿cómo los ha llamado?... dados, sí dados, con aquellos dados se puede conocer el destino. ¡Quizá, incluso, saber si va a casarse con Kubaba! La mera posibilidad de saber lo que va a suceder, de interpretar el futuro, le deja con la boca abierta. Casi le parece arrogancia pensar que los seres humanos puedan hacer algo así, como si forzaran a los dioses a revelarles sus secretos. ¡Qué tiempos tan tremendos vive, repletos de novedades!

Se obliga a sí mismo a concentrarse. Todavía le queda mucho trabajo por delante, y si no termina a tiempo él mismo podrá adivinar su futuro sin necesidad de aquellos cubos: sufrirá en sus carnes el látigo de Ubara, una vez más.

—¿Cómo has dicho que se llaman? —pues tiene que anotar su entrega al templo en la tablilla, pero no existe un signo para designarlos. Nunca antes se ha visto en Uruk algo semejante.

—Dados —responde Nebu. El mercader lo ve dudar y lo contempla con extrañeza. Por supuesto, no tiene ni idea del problema al que se enfrenta. Para él, como para la inmensa mayoría de la población, escribir es un acto de magia.

Con el rabillo del ojo, Udul ve que el maestro Etana ha elegido ese preciso momento para acercarse. Nervioso, sabiendo que si lo ve dudar lo golpeará sin compasión, se decide. Sujeta con fuerza la caña y la hinca sobre la arcilla tierna para dibujar un signo. Después se apresura a continuar con las restantes mercancías.

—Veinte frascos de perfume, tres cargas de estaño...

Nota la presencia a sus espaldas del maestro, la cabeza que espía lo que escribe por encima de su hombro, y una gota de sudor resbala por su frente. Se esfuerza por no darse la vuelta y continúa su tarea como si nada.

Hasta que una tremenda colleja impulsa su cabeza hacia delante.

—¿Qué se supone que es eso? ¿Qué porquería has anotado ahí?

Udul, dolorido y rojo de vergüenza por ser golpeado ante Nebu, arrastra su mirada por el suelo.

—Disculpadme, *ummia*, maestro... El mercader ha traído un objeto desconocido, y yo me he tomado la libertad...

—¿Que te has tomado la libertad? —El rostro de Etana también está colorado, pero de furia. Cuando habla, de su boca salen rociadas de saliva, y sus ojos despiden rayos que Udul está seguro que tienen el poder de derribarlo allí mismo—. ¿Quién te crees que eres? ¡Por los demonios del viento, pequeño imbécil! ¡Te voy a enseñar de una vez por todas quién manda aquí!

—¿Sucede algo, maestro Etana? —los interrumpe una voz.

Sobresaltados, ambos se vuelven hacia el recién llegado. Es un sacerdote ya anciano. Tiene el rostro arrugado, la cabeza completamente calva y una expresión apacible, pero en sus ojos Udul descubre una intensidad que lo obliga a tragar saliva. Agga es el principal de entre los sacerdotes del templo de Nisaba. Él apenas lo conoce, como alumno su dignidad está muy por debajo, pero ha oído a su padre en más de una ocasión quejarse de su carácter estricto y severo.

Sin abrir la boca, manteniéndose en una postura de humilde respeto, Udul se encomienda a la diosa Nisaba. Solo ella puede librarlo de un castigo mucho más severo que el de unos simples latigazos.

A su lado, Etana carraspea. También él está incómodo, aunque Udul no se percate.

—Este jovencito necesita un serio escarmiento, Agga. Es fantasioso, indisciplinado y no respeta a sus mayores. ¡Fijaos en lo que ha escrito aquí! ¿Pues no se ha inventado un signo que nadie más conoce? ¿Cómo pretende que los demás lo leamos, si nadie lo conoce? ¡Habráse visto!

El anciano coge la tablilla entre sus manos, endebles como patitas de gorrión, y por un momento Udul teme que se le vaya a caer. Pero no, la sujeta con más firmeza de la que aparenta. Durante unos instantes que se le hacen eternos, escruta la escritura.

Finalmente, Agga levanta la cabeza y se vuelve hacia él. Su rostro es una máscara indescifrable.

—Dados... —dice. Udul tiene que contener un grito de asombro, de pura satisfacción. ¡Lo ha leído sin haber visto nunca antes esos objetos, sin haber estudiado su signo! ¡Ha leído el nombre de los objetos, su idea funciona! Se le ocurrió de repente, un instante antes, cuando Etana se aproximaba. Pero el anciano sigue observándole intensamente y le pregunta—: ¿Qué es esto, qué quieres decir con dados?

Udul le pide al mercader aquellos extraños objetos y se los muestra a Agga. Le explica qué son y cómo se llaman. El anciano asiente y por su severo rostro cruza un destello de interés.

—Así que, como no sabías escribir el nombre, dados, has utilizado dos signos que suenan de forma similar, el que indica «da» y el que indica «dos», y los has puesto juntos. Te has fijado en cómo suenan, y no en lo que significan. Muy ingenioso, sí, muy ingenioso...

Udul, excitado, sonríe, muy feliz por los halagos del anciano. Hasta que su mirada se cruza con la de su maestro Etana, que ha permanecido a su lado sin abrir la boca.

El rencor que destilan sus ojos corta de raíz su satisfacción. Comprende que Etana se lo hará pagar y siente que su ánimo se hunde en un pozo de desesperación.

Por la bendita Nisaba, ¿es que nunca se va a librar de él?

~

El pobre Udul tenía motivos para estar preocupado por la reacción de su vengativo maestro, pero muchos más para estar satisfecho de su ingenio: acababa de dar un paso de gigante en el desarrollo de la escritura. Un paso más que sumar a otros anteriores y posteriores, pero sin duda trascendental.

Como te decía antes, los pictogramas y los ideogramas que usaban Udul y los demás hasta esta época, más o menos el año 3200 a.n.e., carecían de valor lingüístico: no representaban palabras, sino conceptos.

Faltaba un paso por dar, una tercera fase de la evolución de la escritura, y ese paso es el que acaba de dar Udul: la fonetización de los signos.

El proceso que llevó a reproducir sonidos en vez de conceptos fue lento. Los signos, que durante mucho tiempo representaron ideas sencillas, fueron poco a poco combinándose entre sí para adquirir nuevos significados. Así, se encerraba uno dentro de otro, o se representaban dos juntos y se añadía una marca intermedia para indicar su unión. Un ejemplo: el signo «hombre» se inscribía dentro del símbolo «casa», con lo que se obtenía un nuevo signo con un significado diferente: «prisionero».

Poco a poco, y ayudados por el hecho de que el lenguaje sumerio es en gran medida monosilábico, los signos fueron adquiriendo valor fonético. Así, con un ejemplo en nuestra lengua, el signo «sol» podía referirse al astro solar o al sonido de la sílaba «sol». Si usamos este segundo valor, el silábico, y unimos «sol» con el signo de «dar», obtenemos «soldar», que ya no tiene relación con el significado de sus componentes, sino con sus sonidos. El mismo proceso mental que llevó a Udul a escribir «dados».

Fue un paso trascendental: en el momento en que se dio, comenzó a desarrollarse una escritura capaz de reproducir conceptos abstractos, y también de expresar todos los matices de la lengua oral: el pasado, presente o futuro de una acción; el carácter imperativo, interrogativo o exclamativo; las acciones acabadas o en desarrollo...

Eso sí: los pictogramas y los ideogramas son comprensibles independientemente de la lengua que se hable, pero en el momento en que la escritura adquirió valor fonético se hizo imprescindible conocer el idioma utilizado.

Todo este proceso llevó cientos de años, y probablemente se alimentó de hallazgos puntuales, de saltos cualitativos dados por individuos concretos en momentos concretos, como el que da Udul, aportaciones que fueron sumándose hasta desarrollar un sistema completo de escritura.

La evolución no terminó aquí, posteriormente se desarrollaron escrituras alfabéticas, pero en este punto ya podemos hablar de un sistema de escritura como tal. Por primera vez en la existencia de este peculiar animal, el *Homo sapiens*, un pueblo consigue atrapar sus pensamientos y plasmarlos en objetos físicos. Un logro revolucionario, de un valor tan incalculable que, con su mera aparición, puso punto final a la larguísima prehistoria de la humanidad e inauguró una nueva era: la historia.

Y todo gracias a Udul, y a otros como él que, pese a sus importantísimos hallazgos, han quedado olvidados por esa misma historia que ellos parieron.

Al menos, al joven sumerio le quedó el consuelo de casarse con su querida Kubaba... Porque, en efecto, consiguió convencer a sus padres. ¿Lo dudabas?

¿Sabías que...?

☞ Mira a tu alrededor: estamos tan habituados a expresarnos por escrito y a interpretar los signos escritos que ya no nos damos cuenta de lo prodigioso que es este milagro cotidiano. Hoy, más del 85% de la población mundial sabe leer y escribir, una cifra asombrosa. Incluso en los países menos desarrollados del mundo sabe leer y escribir más del 40% de la población. La escritura nos informa, nos permite comunicarnos, nos transmite los aprendizajes previos de la humanidad, nos enseña, nos entretiene, nos deleita, nos sirve de canal de expresión de nuestros sentimientos y emociones y, quizás lo más importante de todo, potencia nuestra capacidad reflexiva y discursiva y da forma a nuestra comprensión del mundo. Por eso, no es una exageración decir que la escritura es el invento más extraordinario que jamás ha hecho el ser humano.

☞ La escritura fue, en efecto, el comienzo de la historia, pues gracias a ella comenzaron a registrarse los acontecimientos, los conocimientos y las experiencias adquiridas. Hasta su aparición, la única forma de transmitir los sucesos y los conocimientos era la memoria, siempre limitada y siempre falible. De ahí que durante la prehistoria surgieran las fábulas, los mitos y las leyendas para recordar mejor lo sucedido y lo aprendido. Mitos y leyendas son la esencia de lo pasado y, sobre todo, la destilación de lo que se quiere transmitir: la forma adecuada de comportarse y de sentir de cada pueblo. Por eso, la escritura fue también el principio del fin de los mitos y las leyendas y el comienzo de una nueva forma de entender el mundo: la visión científica, la propia ciencia, nació con la escritura.

☞ La escritura no solo sirve para transmitir el conocimiento: también es fundamental para simplificar y ordenar el mundo. La necesidad de convertir la realidad en palabras obliga a una labor de síntesis que, de paso, nos permite comprender (y controlar) mejor cuanto nos rodea. Como toda simplificación, el resultado falsea la realidad, ciertamente. Pero, también como toda simplificación, nos ayuda a abarcar lo inabarcable. Sin la escritura, y esto está más allá de toda duda razonable, el *Homo sapiens* no habría llegado a donde hoy está. Otra cosa es que estemos en un buen o un mal lugar...

☞ Pero hay más: la escritura, al ayudarnos a aprehender y ordenar la realidad, permitió el desarrollo de los Estados complejos y de las grandes formas de organización política y social que agrupan a millones de seres humanos. Sin la escritura no existirían las grandes ciudades ni los imperios.

☞ Mesopotamia fue una de las civilizaciones más extraordinarias de la historia. No solo inventó la escritura, sino un buen puñado de nuestras «primeras veces», como ya te comenté al principio. Si Grecia es nuestro padre, Mesopotamia, esa tierra fértil entre el Tigris y el Éufrates, es sin duda nuestra madre.

EDAD MEDIA

El martillo que frenó al islam

En algún lugar entre Poitiers y Tours, Francia.
Octubre de 732

El frío ha llegado pronto este año. Apenas comienza el otoño, pero los campos amanecen teñidos de blanco por las heladas nocturnas. Carlos de Heristal, vestido de hierros y protegido de las bajas temperaturas por una gruesa capa de piel, levanta la mano derecha y tira de las riendas para detenerse. El reducido grupo de jinetes que lo acompaña se arremolina tras él. Ninguno habla. Se limitan a aguardar sobre las monturas en la gélida mañana mientras sus bocas expelen nubes de vapor.

Carlos observa el terreno con el ojo experto de quien se ha pasado la vida batallando. Acaban de atravesar una estrecha franja de campo abierto entre dos densas masas boscosas y ante él se abre un amplio espacio de matorral bajo y campos de labor rodeado por el bosque por todas partes. El camino que lleva a Poitiers, una antigua vía romana todavía en uso, se pierde entre los árboles del fondo. A su derecha, el paso está cerrado además por el río Clain, que discurre oculto por el corazón de la arboleda.

Tiene ya cuarenta y seis años, pero se mantiene en buenas condiciones físicas. Es de talle delgado y fibroso, los músculos endurecidos por las muchas horas de práctica con las armas y por las frecuentes cabalgadas. No es rey, pero como si lo fuera. En realidad, los reyes francos hace casi cien años que lo son solo de nombre, simples marionetas en manos de los mayordomos de palacio...

~

Los francos se habían asentado en torno al Rin en tiempos del Imperio romano, allá por el siglo III. Dos siglos después participaron como aliados de Roma en la batalla de los Campos Cataláunicos, que derrotó al temible Atila y frenó la expansión de los hunos. A la cabeza del ejército franco se hallaba Meroveo, el fundador de la dinastía merovingia.

Tras la desaparición de Roma y el repliegue de los visigodos a Hispania en 507, los francos se convirtieron en los amos de la Galia y sus reyes, los merovingios, en el linaje más poderoso de Europa. Y así siguieron durante doscientos años.

Pero se fueron debilitando, entre otros motivos por la poco afortunada costumbre de sus monarcas de dividir el reino entre sus hijos. Una vez que estos llegaban al poder en sus menguados territorios (Neustria, Austrasia, Burgundia, Aquitania), se esforzaban por volver a reunificarlo mediante interminables guerras entre hermanos. Clotario I en 558 y Clotario II en 613 consiguieron unir el reino, pero el sucesor de este último, Dagoberto I, falleció a los treinta y tres años dejando como herederos a dos niños de ocho y cuatro años.

Fue el final de la dinastía. No formalmente, pues los merovingios siguieron en el trono hasta el año 751, pero sí en la práctica: desde entonces el verdadero poder quedó en manos de los mayordomos de palacio. Al principio, el *maior domus* era el intendente del rey, el más importante de entre sus servidores, al cargo de la administración de su palacio. Poco a poco fue cobrando más poder, hasta convertirse en una especie de primer ministro plenipotenciario: nombraba a obispos, condes y duques, dirigía el ejército en las guerras y gobernaba el país en tiempos de paz mientras iba tejiendo alianzas con los magnates más destacados del reino.

Pipino de Heristal se convirtió en mayordomo de un reino franco unificado en 687. Carlos es su hijo. Heredó el cargo tras la muerte de su padre, en 614, pero las cosas no han resultado nada fáciles: es ilegítimo, nacido de la relación habida entre su padre y Alpaide de Bruyeres, y la esposa oficial de Pipino, Plectrude, no se mostró nada dispuesta a que su hijo Thiaud, un chiquillo de solo seis años de edad, fuera apartado del poder. La mujer maniobró en la sombra hasta conseguir que Carlos fuera encarcelado y asumió el poder en nombre de su hijo.

El descontento se extendió por el reino. Muchos no querían ser gobernados por una mujer, otros vieron llegado el momento de imponer a sus propios candidatos. Neustria, Sajonia y Austrasia se alzaron en armas y Carlos, tras escapar de prisión, se puso al frente de los ejércitos de esta última.

Ha tardado dieciocho años e innumerables batallas en volver a unificar el reino, en conseguir que esté como lo dejó su padre. Ha batallado contra Neustria, contra los sajones, contra Frisia occidental, otra vez contra los sajones, contra Alamania, contra Frisia oriental, contra Aquitania... hasta este *anno Domini* de 732 en que se encuentran. Justo ahora, cuando comenzaba a creer que por fin podría descansar, aparecen estos diablos venidos del sur y amenazan la paz que tanto le ha costado forjar.

~

Carlos deja de examinar el amplio espacio que tiene al frente y se vuelve hacia su comitiva. Sus ojos oscuros se clavan en un anciano ataviado con gruesas pieles que, pese a sus muchos años, permanece erguido y orgulloso, la espalda recta y la mirada altiva, rodeado de un grupo de servidores.

—¿Duque? —Hace un gesto para que se acerque.

Odón de Aquitania, a quien la historia llamará el Grande, tiene ya setenta y cuatro años, pero sigue montando a caballo y se mantiene tan agudo y perspicaz como cuando era joven. Carlos y él han sido enemigos por largo tiempo. No hace todavía un año que ambos se enfrentaron en el campo de batalla cuando Carlos, tras acusar a Odón de aliarse con los musulmanes, cruzó el Loira y saqueó el territorio de Aquitania.

Pero en la guerra las tornas cambian rápidamente. Un año después allí están los dos, esta vez como aliados, esperando detener la acometida musulmana en algún lugar perdido entre Poitiers y Tours.

El anciano inclina muy levemente la cabeza cuando llega a su lado.

—¿Qué os parece? —le pregunta Carlos—. Han de pasar por aquí si quieren alcanzar Tours.

Pese a haber sido enemigos, Carlos aprecia al duque. Odón es orgulloso e independiente, como todos los aquitanos, pero sabe muy bien lo que se hace. Y conoce mejor que nadie a los diablos del sur. En 715, durante la guerra civil provocada por Plectrude, Odón había declarado la independencia de Aquitania, y desde entonces hacía equilibrios entre los francos del norte y los musulmanes del sur para mantener esa independencia. En 721, en los alrededores de Tolosa, infligió a los musulmanes la más severa derrota que estos han sufrido hasta el momento, en una batalla que sembró el campo con miles de cadáveres omeyas. El mismo papa declaró entonces que Odón era el campeón de la cristiandad.

El duque es perro viejo, todo un experto en sobrevivir. Tras derrotar a los musulmanes y mantener un difícil equilibrio durante años, en 730 casó a su hija con el musulmán Uthman ibn Naissa, un bereber que estaba al frente de los territorios pirenaicos, para asegurar su frontera sur. Esa fue la excusa de Carlos para invadir Aquitania el año anterior, aunque sabe bien que, si él hubiera estado en el pellejo de Odón, probablemente hubiera hecho lo mismo.

Los ojos azules de Odón, escondidos bajo dos grandes cejas entrecanas, examinan el campo que tiene delante con detenimiento.

—Demasiado abierto —murmura, casi para sí, negando con la cabeza—. Su caballería tendrá espacio de sobra para maniobrar. Esa es su táctica preferida, mayordomo, buscan el combate en campo abierto. Son expertos jinetes, si les dejáis espacio encadenarán una carga tras otra mientras acribillan a nuestros hombres con sus flechas y jabalinas.

Carlos asiente, el semblante imperturbable. El duque se ha enfrentado en varias ocasiones con los musulmanes y sabe lo que se dice, pero él tiene muy clara su estrategia. Es un hombre previsor. ¿Cómo, si no, podría haber salido victorioso de tanta guerra? Lleva años estudiando las tácticas musulmanas, preparándose concienzudamente para enfrentarse con ellos. Siempre ha sabido que tarde o temprano iba a llegar este momento: los diablos del desierto acabaron de un plumazo con el reino visigodo de Toledo, era solo cuestión de tiempo que continuaran su marcha de conquista hacia el norte.

Es previsor, en efecto, y también astuto y paciente, solo así ha podido unificar el reino franco bajo su mando. Poco a poco, a lo largo de cien batallas, ha ido forjando una fuerza de infantería pesada, dura como el acero, bien equipada y mejor adiestrada, con experiencia en el combate y confianza en sí misma. Hombres recios que lo darían todo por él.

—Mirad a diestra y siniestra, duque —demanda. Odón, intrigado, hace lo que le dicen. Justo en el lugar en el que se hallan, el amplio campo se estrecha, flanqueado por densas arboledas—. Emplazaré a mis hombres aquí. Formarán una muralla infranqueable.

El duque rezonga y vuelve a negar con la cabeza.

—¡No sabéis lo que decís! Son expertos jinetes, verdaderos diablos sobre sus monturas. Os envolverán en una nube de dardos, vuestros infantes saldrán en desbandada...

Carlos examina una vez más el campo. Comprende muy bien las reticencias del duque, que ha sufrido en propia piel aquellas nubes de dardos de las que habla. Él mismo no las tiene todas consigo. Aquellos musulmanes han conquistado medio mundo, son terribles soldados, duros como piedras y habituados a la guerra. El adversario más colosal que él o sus hombres han enfrentado jamás. ¿Y si está pecando de soberbia, el Señor no lo quiera? ¿Y si está llevando a los suyos a una ratonera?

Enfadado consigo mismo, aparta aquellos pensamientos de su cabeza. Se vuelve hacia el duque.

—Entiendo vuestro temor, Odón, pero os equivocáis. Les enfrentaremos aquí.

—No contéis conmigo. La mayor parte de mis hombres han muerto en el río Garona, no voy a perder al resto por vuestro empecinamiento. —En efecto, Odón acaba de sufrir una dura derrota a manos de los musulmanes, tras la cual ha corrido con el resto de sus tropas a pedir ayuda a Carlos de Heristal.

—Oh, no os preocupéis. No le pediría tal cosa a vuestros hombres... —sonríe el mayordomo. Y es bien cierto, aunque por motivos muy diferentes de los que da a entender. En realidad, no confía en los infantes del duque. Son hombres de leva, simples granjeros que acuden a la llamada de su señor en tiempos de guerra, y no soldados encallecidos como los suyos—. Para vos tengo reservada otra función.

Aquello intriga al duque.

—¿De qué demontres habláis?

—Venid, os lo mostraré...

~

El temor de Carlos de Heristal era muy comprensible. En verdad, aquellos musulmanes parecían una plaga de langostas voraces, una maldición bíblica que asolaba el mundo a su paso. Justo ese año de 732 se cumplía el centenario de la muerte de su profeta Mahoma. Cien años atrás no eran más que un puñado de salvajes seminómadas perdidos en el inmenso desierto de Arabia, pero desde entonces se habían extendido por gran parte del mundo conocido.

Mahoma no solo había creado una religión: creó un Estado. Unificó tribus hasta entonces enfrentadas, redactó leyes que regulaban todos los aspectos de la vida cotidiana y se puso al frente de su ejército. Entre los musulmanes no había diferencia alguna entre el poder civil y el religioso. Los líderes musulmanes, los califas sucesores de Mahoma, eran a la vez la cabeza de la religión y la máxima autoridad política y militar. Esta característica les permitía contar no solo con la fuerza, sino también con la fe de sus seguidores. Además, el Corán, la Biblia de los musulmanes, defendía la yihad, la «guerra santa» contra los infieles. La combinación de poder centralizado y guerra santa pronto se reveló explosiva.

Desde la muerte de Mahoma, la expansión había sido fulgurante. Tras dominar la península arábiga, los seguidores del islam se apoderaron en rápida sucesión de Palestina y Siria. Desde ahí, con Jerusalén y Damasco en su poder, se lanzaron simultáneamente a la conquista del Próximo Oriente por el este y de Egipto por el oeste, enfrentándose a la vez a los imperios sasánida y bizantino. En solo veinte años sus fronteras se extendían desde Persia y Pakistán hasta Libia. Tras un período de luchas intestinas por el poder, en 670 volvieron a la carga con el asedio de Constantinopla y la conquista de Túnez, Mauritania y el Magreb, «el lugar donde se pone el sol»: habían alcanzado el Atlántico, el confín del mundo conocido. En palabras del historiador Henri Pirenne, el Mediterráneo, que había permanecido unido durante cinco siglos bajo el dominio romano, se partió en dos.

En la Europa sucesora del Imperio romano, sin embargo, todas esas conquistas no eran más que ecos de una tormenta lejana. Bastante tenían los numerosos reinos surgidos tras la caída de Roma con sus propias luchas, con el baile de fronteras que les llevaba a continuos enfrentamientos. Los francos dominaban al norte de los Pirineos y los visigodos al sur, en la extensa Hispania.

Hacia el año 711, la situación en este reino era de todo menos pacífica: los nobles visigodos llevaban treinta años enfangados en problemas sucesorios y guerras civiles. El último rey, Rodrigo, acababa de apoderarse del trono tras la muerte en oscuras circunstancias del anterior monarca, Witiza. Todavía no había conseguido consolidar su dominio sobre un reino, además, aquejado por la hambruna y la peste, cuando se produjo la invasión musulmana.

El gobernador musulmán de Tánger, Tariq ibn Ziyad, desembarcó en Gibraltar con un ejército formado por un número indeterminado de hombres que la mayor parte de los historiadores cifran en unos siete mil. En teoría, acudían como aliados de los nobles visigodos enfrentados con Rodrigo, aunque pronto se vio que sus intenciones iban mucho más allá.

A finales de julio de 711 los invasores se enfrentaron a las fuerzas de Rodrigo en la batalla del río Guadalete. La derrota de los visigodos fue completa. Muchos nobles y el propio rey resultaron muertos en combate y el reino quedó descabezado, listo para la conquista musulmana. A partir de ese momento, la expansión fue fulgurante. Córdoba, Sevilla y Toledo cayeron en los meses siguientes. Tres años después, en 714, la mayor parte de la península ibérica estaba bajo su dominio.

Al mismo tiempo que consolidaban su poder sobre Hispania, los musulmanes comenzaron a enviar expediciones de saqueo hacia la Septimania visigoda, el único territorio que los visigodos conservaban al norte de los Pirineos, y hacia la Galia de los francos. En 720 los ejércitos musulmanes conquistaron y saquearon Perpiñán y Narbona y vendieron como esclavos a sus habitantes. En 721 atacaron Tolosa, pero en esta ocasión sufrieron una severa derrota a manos del duque Odón de Aquitania. En la batalla resultó muerto el valí o gobernador musulmán de al-Ándalus y los soldados eligieron como sucesor a Abderramán al-Ghafiqi, que gozaba de grandes simpatías entre la tropa. Este consiguió retirarse con los restos de su ejército hasta Narbona, pero solo pudo mantenerse un año en el cargo, tras el cual sus enemigos, celosos del ascendiente que tenía sobre los soldados, maniobraron para que fuera sustituido por un nuevo gobernador.

La derrota de Tolosa enfrió los ánimos musulmanes, que durante unos años se limitaron a lanzar razias en busca de botín. Sin embargo, en 724 volvieron a la carga y conquistaron Carcassonne, y en 725 ocuparon Nimes, la última población de la Septimania visigoda. El reino visigodo de Toledo acababa de convertirse en historia.

Cinco años después, en 730, Abderramán al-Ghafiqi consiguió ser nombrado otra vez valí, la principal autoridad de al-Ándalus. Una de sus primeras medidas fue atacar al aliado del duque Odón de Aquitania, ibn Naissa, de origen bereber, que se había sublevado para defender los derechos de los bereberes y que pretendía crear un reino independiente en el territorio de la actual Cataluña.

El ejército musulmán distaba mucho de ser uniforme. Los árabes, procedentes del desierto arábigo, constituían la aristocracia civil y militar, acaparaban los altos cargos, se instalaban en las ciudades más ricas y se quedaban con los territorios más fértiles. Los bereberes, procedentes del norte de África, constituían el grueso del ejército, pero sufrían una fuerte discriminación y eran enviados a ocupar las tierras del norte, más frías y que ofrecían mayor peligro debido a la proximidad de los cristianos.

Al-Ghafiqi derrotó sin dificultad a ibn Naissa y capturó a la hija de Odón, a la que envió prisionera a un harén de Damasco. El duque no había podido acudir al rescate de su hija, ocupado como estaba en defender sus tierras frente a Carlos de Heristal.

Tras recuperar el control del territorio, Al-Ghafiqi se dispuso a atacar el reino de los francos. Cruzó los Pirineos, atravesó la Gascuña y atacó y saqueó Burdeos. Odón se enfrentó a los invasores en el río Garona, pero sufrió una severa derrota y miles de hombres perdieron la vida. A duras penas había conseguido escapar hacia el norte para demandar la ayuda del mayordomo Carlos. Una ayuda que este se mostró dispuesto a dar, aunque a un alto precio: a cambio, Odón se comprometía a aceptar formalmente el señorío de los francos sobre Aquitania, con lo que ponía fin a su sueño de independencia.

Pero merecía la pena: el duque sabía bien que las únicas opciones que le quedaban eran integrarse en el reino franco o someterse a los musulmanes.

Tras la victoria del río Garona, Al-Ghafiqi dejó que sus hombres saquearan a conciencia durante tres meses toda la Aquitania. Reunieron un botín inmenso, pero la codicia de sus soldados parecía no tener fondo. En la Gascuña habían oído rumores sobre un gran tesoro que, decían, se escondía tras los muros de la abadía de San Martín de Tours, una de las más importantes de la cristiandad. La posibilidad de hacerse con el tesoro y de humillar a los cristianos decidió a Al-Ghafiqi. No tenía en muy alta estima a los guerreros de aquellos reinos occidentales, por lo que contaba con que su expedición fuera un paseo. Por eso, cuando Aquitania quedó arrasada, el visir musulmán ordenó seguir hacia el norte y lanzarse a la conquista del reino franco...

~

Carlos de Heristal no se impresiona fácilmente, pero la primera vez que contempla el ejército musulmán tiene que contener una exclamación de asombro. Tras toda una vida oyendo hablar de aquellos diablos del sur, finalmente los tiene delante. Miles y miles de soldados de pieles oscuras, con cascos de metal de forma puntiaguda y aquellas telas de vivos colores, que llaman turbantes, con las que se defienden del sol. Jinetes con lanzas y arcos, infantes con escudos, picas y jabalinas... La gran mayoría son bereberes. Tienen fama de ser gente recia, habituada a la dureza de la vida en su desierto natal, jinetes que por toda impedimenta llevan un saco de provisiones, una vasija de cobre para cocinar y una piel para protegerse del frío.

Y en verdad tienen aspecto fiero. ¿Cuántos son? ¿Veinte, cuarenta mil? Un inmenso río humano, una fuerza impresionante. Aquella no es una expedición de saqueo. Es una invasión en toda regla.

Traga saliva, repentinamente consciente de que el destino de la Galia, de la entera cristiandad, está en sus manos y en las de sus hombres.

A pesar de hallarse a caballo y rodeado por su séquito, Carlos alcanza a oír sin dificultad el rumor de los asombros que recorre sus propias filas. Examina los rostros de sus infantes. A muchos los conoce personalmente, llevan años con él, sabe sus nombres y el de sus mujeres e hijos. Confía en ellos y ellos confían en él. Solo por eso se mantienen firmes, una muralla humana dispuesta a detener aquel torrente que se les echa encima.

La primera victoria, siquiera moral, ha sido suya. Los musulmanes no esperaban toparse con el camino cortado. Avanzaban tan seguros de sí mismos que ni siquiera habían enviado exploradores, de suerte que la vanguardia musulmana casi choca contra ellos. Carlos ha dispuesto que sus hombres cierren el camino formando un denso muro de infantes dispuestos en falanges y pertrechados con las armas características de los francos: una rodela de madera recubierta de cuero y con una orla metálica como escudo; una espata, la espada merovingia, de tajo doble, hoja larga y estrecha, punta redondeada y empuñadura y guardas cortas; frameas y angones, las primeras lanzas y los segundos venablos arrojadizos; y las franciscas, unas temibles hachas de guerra que pueden lanzarse o empuñarse.

Un muro formado por miles de hombres. No solo los suyos: también él ha reclutado levas entre sus antiguos enemigos, borgoñones, germanos de más allá del Rin... Treinta, sesenta mil, ¿quién sabe? Los historiadores no se ponen de acuerdo en el número, pero este es sin duda el ejército más numeroso reunido en muchos años en Europa. En lo que parece haber acuerdo es en que es más numeroso que el ejército del invasor, y posiblemente sea así: el mayordomo franco es un estratega experimentado que siempre procura contar con la ventaja del número.

Pero los musulmanes son incontables. Por un momento, Carlos imagina el estado en que habrá quedado el territorio que acaba de atravesar aquella horda, la Aquitania del duque Odón. Duda de que haya quedado una casa en pie, un campo sin arrasar, un animal sin sacrificar. Tierra quemada. ¿Cuántos hombres han sido asesinados, cuántas mujeres violadas?

No puede permitir que tal cosa suceda en el territorio franco.

Los musulmanes están bien adiestrados. Al toparse de frente con el ejército enemigo han reaccionado con celeridad. La infantería musulmana se ha dispuesto en un muro espejo del franco mientras la caballería se ha agrupado en ambos extremos, dispuesta para lanzar ataques y realizar movimientos envolventes. Ese es el motivo por el que Carlos ha ordenado que sus hombres se sitúen en un estrechamiento del claro: para que el bosque que les flanquea cierre el espacio y dificulte las maniobras de los jinetes musulmanes, para impedir que estos puedan rodearlos.

—¿A qué aguardan? —oye preguntar a alguien a su espalda.

Carlos no se vuelve. Acaba de localizar al valí musulmán, ese Abderramán al-Ghafiqi del que todos hablan. Su porte orgulloso y la deferencia con que le tratan cuantos le rodean no deja lugar a dudas.

Por un momento, las miradas de ambos se cruzan. Carlos, tras un instante de indecisión, inclina levemente la cabeza a modo de saludo. Al-Ghafiqi no devuelve el gesto. Se limita a observarle con la misma frialdad e indiferencia con que se observa a una hormiga que uno se dispone a pisar.

—Está esperando a que llegue el resto de su ejército —dice Carlos en voz alta, como respuesta a la pregunta lanzada tras él—. Y quiere ponernos nerviosos. —Se gira y pasea su mirada por los rostros serios de sus lugartenientes. Escoge a uno de ellos, un hombre inmenso con grandes mostachos, famoso por su vehemencia—. ¿Tú que dices, Clodión? ¿Lo conseguirá?

—¡Nunca, mayordomo! ¡Acabaremos con esos perros!

Carlos sonríe levemente.

~

Los días pasan. Los dos ejércitos se vigilan mutuamente, dos muros de carne acorazada separados por unos cientos de pasos. Carlos deambula continuamente entre la tropa: su presencia contribuye a levantar la moral.

Los nervios, pese a todo, comienzan a hacer presa en los hombres. Saben que esta batalla es decisiva. Saben que depende de ellos frenar a los diablos del sur y que si son derrotados toda la Galia quedará indefensa ante el invasor, que sus familias serán asesinadas o esclavizadas. Puede ver el temor en sus ojos, el horror que sienten ante aquellos jinetes de extrañas vestiduras que durante años han poblado sus pesadillas. Muchos murmuran, se preguntan a qué esperan, por qué el mayordomo no da la señal de ataque. Por qué los diablos no atacan.

La tensión estira cada vez más la cuerda de la paciencia. Los hombres apenas consiguen conciliar el sueño por las noches, mal alimentados, entumecidos por el frío y la incertidumbre. Los sacerdotes confiesan y escuchan las últimas voluntades. Las prostitutas de los carros que acompañan al ejército no dejan de trabajar. Todos los días se producen escaramuzas: grupos de jinetes musulmanes que se lanzan a la carga, combates singulares, avanzadillas que intentan rodear al ejército de Carlos por los flancos boscosos y que son interceptadas por sus centinelas. Unos y otros se insultan y se provocan en sus respectivas lenguas.

Son alardes que no conducen a nada: jornada tras jornada se mantiene la misma posición, la misma vigilancia.

Ya van seis días de inmovilidad.

—¿A qué esperáis, mayordomo? —pregunta el duque Odón una y otra vez, cada vez más fuera de sí—. ¿A qué esperáis?

Carlos disimula una sonrisa. El duque es un anciano, pero está lejos de mostrar la paciencia de un anciano. Quizá sea esa inquietud constante la que le mantiene joven y activo.

—A que se hielen, duque —responde finalmente—. A que se hielen sus huesos habituados al calor de las tierras del sur. A que estallen de impaciencia. A que se precipiten.

—¡Siempre igual! —rezonga el anciano—. ¡Siempre a la defensiva! Nunca ganáis un enfrentamiento, Carlos, ¡os limitáis a dejar que vuestro oponente lo pierda!

Carlos de Heristal aprieta los dientes con fuerza. Por suerte están solos en la tienda del duque, no podría consentir que tales palabras fueran pronunciadas en presencia de sus hombres. Tarda un largo instante, la mirada perdida, en dominar su ira. Odón tiene razón, claro que la tiene. Pero no es, como insinúa el maldito, cobardía por su parte, sino simple cálculo. Conoce bien a sus hombres, conoce sus armas. Y mantiene la cabeza fría cuando los demás se dejan llevar por sus impulsos.

Clava una mirada gélida en el anciano.

—Preparad a vuestros hombres, duque. Al-Ghafiqi no tardará en atacar. —Y, sin darle ocasión de replicar, se levanta y sale de la tienda con paso vivo.

~

La mañana se abre paso entre nieblas. Los campos helados crujen al ser pisoteados por los hombres que, aquí y allá, se alejan para hacer sus necesidades. No ha dado tiempo a preparar unas letrinas en condiciones y el hedor de los excrementos de bestias y hombres inunda el mundo entero, se suma a las miasmas que emanan de los miles de cuerpos sin lavar.

Una mañana más a lomos de su cabalgadura, Carlos observa el ejército enemigo. No le queda mucho tiempo, sus hombres no aguantarán más tanta inmovilidad. Los ve mover los pies y darse golpes para entrar en calor mientras se llevan un pedazo de cecina reseca a la boca como todo alimento. Muchos todavía dormitan sobre el suelo helado, encogidos sobre sí mismos. Siete días han pasado desde que ambos ejércitos se encontraron.

Al frente, a través de los jirones de niebla que bailan sobre el campo, detecta un movimiento inusitado, un rumor de metales y órdenes a media voz. Repentinamente alerta, ordena a un explorador que se acerque para averiguar qué esta pasando.

Apenas ha partido el hombre cuando se vuelve hacia sus oficiales.

—Ordenad a los hombres que formen. ¡Rápido! —Acaricia el pomo de su espada con impaciencia. Sabe que todo está a punto de decidirse.

El mundo baila sobre el filo de la espada.

Unos minutos después distingue una figura que corre hacia él entre la niebla. Tarda un instante en reconocer al explorador que acaba de enviar. El hombre, con el rostro desencajado, vuela sobre sus pies cuando algo lo detiene. Alza los brazos, tropieza, cae de bruces al suelo. Carlos distingue el ástil de una flecha en su espalda.

—¡Muro de escudos! —grita a todo pulmón—. ¡Formad el muro de escudos!

El enemigo, por fin, se lanza al ataque.

~

La mañana del diez de octubre de 732, en una llanura boscosa entre Poitiers y Tours, en la confluencia de los ríos Clain y Vienne, se decide el destino de Europa.

Tras una semana de escaramuzas y tanteos, Abderramán al-Ghafiqi comprende que no puede esperar más y ordena el ataque. Sabe que los francos son superiores en número y que cuentan además con un mayor conocimiento del terreno, pero también sabe que sus hombres no están acostumbrados al maldito frío de esas tierras norteñas. Además, confía plenamente en la fuerza de su caballería, armada con jabalinas y arcos, jinetes muy experimentados, dotados de una gran movilidad y capaces de encadenar cargas sucesivas sobre el enemigo.

El ejército de Carlos de Heristal está formado en su mayor parte por infantes, cuya fuerza reside en su capacidad para mantenerse unidos. Pero, ¿qué infantes resistirían a pie el ataque de una horda de jinetes a caballo? La táctica no es nueva: una y otra vez, los ejércitos musulmanes han derrotado a sus enemigos dispersándolos primero y diezmándolos después bajo una lluvia de flechas y jabalinas. La infantería no es enemigo para una caballería bien entrenada. Por eso, la primera decisión de Al-Ghafiqi es lanzar a la caballería.

Los infantes francos forman un rectángulo de escudos, una pared de madera y hierro erizada de lanzas y púas. Y resisten. Se mantienen, según dicen las crónicas de la época, «inmóviles como un muro de hierro, semejantes a un recinto de hielo». Aquí y allá, grupos de jinetes musulmanes consiguen forzar la resistencia y penetrar en la falange, una situación de gran peligro para los defensores pues, si los jinetes consiguen hacerse fuertes en su interior, provocarán una matanza desde dentro.

Pero, una y otra vez, los infantes francos consiguen matarlos o expulsarlos.

Durante horas, la caballería musulmana lanza una carga tras otra en brutales acometidas. Solo pueden intentar el asalto de frente, pues la previsión de Carlos de Heristal ha resultado acertada: a ambos lados, el bosque dificulta los movimientos de los caballos, que pierden fuerza y se dispersan. Las cargas llegan en oleadas, pero los jinetes no están habituados a moverse entre tantos hombres a pie y son ellos los que, una y otra vez, terminan aislados y sucumben bajo una lluvia de jabalinas y hachas.

Las horas van pasando, lentas como estertores de agonía. El campo de batalla se tiñe de rojo. Los cuerpos de los heridos y los cadáveres de los muertos, tanto hombres como animales, francos y musulmanes, siembran el terreno de obstáculos que dificultan las cargas de la caballería y el avance de los infantes. El mundo se vuelve difuso, un estruendo de relinchos y gritos desesperados, un chirriar de metales, una lucha desesperada por sobrevivir.

Poco a poco la batalla va llegando a un punto de equilibrio. Las cargas de la caballería musulmana se van espaciando, haciéndose menos numerosas. Carlos combate al lado de sus hombres, el rostro manchado de sangre, el sudor empapando sus ropas.

A media tarde comprende que el resultado de la batalla, todavía indeciso, pende de un hilo muy fino. Y decide que ha llegado el momento de cortarlo.

Se aparta de la lucha y busca a uno de los mensajeros que se mantienen a la espera de sus indicaciones.

—¡Avisa al duque Odón, es el momento! —ordena.

El mensajero parte a uña de caballo. Carlos se seca el sudor de la frente y acepta el odre que le pasa uno de sus servidores. Da un trago largo. El vino lleva nuevas energías a sus músculos agarrotados.

Observa el campo de batalla mientras ruega para sus adentros que su estratagema dé resultado. Ha pedido al duque que mantenga a sus hombres ocultos en la retaguardia sin participar en la lucha. Sus instrucciones han sido claras: cuando se lo indique, los aquitanos deben rodear el bosque y atacar el campamento musulmán, situado tras el ejército enemigo. Es un intento desesperado. Odón no tiene hombres suficientes para atacar a los musulmanes por la retaguardia, pero sí para golpear su campamento. O eso espera Carlos. Con ello, quizá consiga dividir sus fuerzas lo suficiente para desequilibrar la balanza...

Frente a él la lucha continúa. El campo de batalla parece la mismísima antesala del Infierno. Un hombre con la cara ensangrentada se vuelve hacia él. Tiene la mirada alucinada del que ya no ve nada salvo el horror. Su brazo derecho es un muñón del que escapa un chorro de sangre. Carlos no lo reconoce, pero se pregunta cómo aquel pobre diablo va a ganarse la vida si sobrevive.

Si sobrevive. Si sobreviven todos. Lo que está en juego en ese preciso instante es la supervivencia del mismo reino franco. De la cristiandad.

Detecta movimientos extraños en el grueso del ejército musulmán. Algunos hombres corren hacia atrás. Desde su posición no alcanza a escuchar los gritos, pero sí distingue las bocas abiertas, la ráfaga de inquietud que se extiende por aquel gigantesco cuerpo. Hace tiempo que sabe que los ejércitos, en plena batalla, distan mucho de ser una suma de individuos: son un único organismo, como un árbol y sus hojas, que se mueven al unísono mecidas por el viento.

Justo eso es lo que está pasando: un movimiento general de retirada. Sonríe para sí, pues sabe bien lo que está sucediendo: la masa se disgrega en granos, las hojas caen del árbol. Sus cálculos han sido acertados: esos diablos del sur llevan consigo el inmenso botín que han saqueado en la Aquitania, una fortuna gigantesca que no están dispuestos a perder. A medida que se extiende el rumor de que su campamento está siendo atacado, olvidan la batalla y corren para defender lo que ya consideran suyo. La codicia es más poderosa que la fe.

Encuentra lo que busca: en un lateral del campo, Abderramán al-Ghafiqi y sus generales se desgañitan tratando de evitar el caos entre los suyos. Nada más verlo, Carlos se vuelve hacia unos soldados que aguardan montados a caballo muy cerca de donde está.

—¡Ahora! —ordena.

Los ve partir mientras contiene el aliento. Es un grupo de caballeros acorazados a los que no les cuesta abrirse paso entre la desbandada cada vez más general de los enemigos. Sus espadas siegan vidas a diestra y siniestra mientras avanzan hacia su objetivo.

Desde su posición lo ve todo. La sorpresa en el rostro del séquito de Al-Ghafiqi, el terror que se apodera de este cuando comprende lo que está a punto de suceder. El intento desesperado por detener a sus hombres lo ha dejado casi indefenso.

Carlos ve el momento en el que la jabalina ensarta a su enemigo. Golpea brutalmente su pecho y lo impulsa hacia atrás, haciéndolo caer de su montura y arrastrándolo al suelo. Un grito de júbilo se escapa de la garganta de los hombres que lo atacan y el mismo Carlos no se reprime.

La noticia se extiende como el viento sobre un campo de trigo. Ve el horror en los rostros de los soldados musulmanes, la confusión. El súbito miedo. Los que todavía continuaban en el campo comienzan a abandonarlo.

Se retiran.

Carlos respira hondo y observa con contenido orgullo a sus propios hombres, sus bravos infantes. Mantienen la formación. Las falanges están maltrechas, pero se mantienen firmes. Acaban de conseguir lo imposible: han resistido las cargas de la caballería musulmana.

Han salvado el reino.

¿Sabías que...?

☞ Tras la retirada musulmana, Carlos de Heristal ordenó que sus tropas se mantuvieran alerta, pues temía que tras el desconcierto inicial sus enemigos se reorganizasen y reemprendiesen el ataque a la mañana siguiente. Era consciente de que, pese a la gran cantidad de muertos que sembraban el campo de batalla, todavía contaban con fuerzas suficientes para enfrentarlos. Sin embargo, al día siguiente los francos se llevaron una buena sorpresa: el ejército musulmán había aprovechado la oscuridad para retirarse y emprender una precipitada huida hacia la frontera con Hispania. La urgencia de la marcha fue tal que dejaron abandonada la parte más voluminosa del botín conseguido, aquello que temieron les pudiera retrasar.

☞ Se desconocen las cifras reales de la matanza. Los cronistas de la época citan números muy dispares según pertenezcan a uno u otro bando. En lo que parece haber cierto consenso es en que fueron cifras elevadísimas, miles o decenas de miles de muertos, en especial en el bando musulmán. Los francos sufrieron muchas menos bajas gracias a que consiguieron mantener su cerrada formación.

☞ Pese a todo, en los años que siguieron a la derrota de Poitiers, los musulmanes volvieron a atacar los territorios de la Galia en varias ocasiones, e incluso consiguieron hacerse con Aviñón y Arlés. Pero ya nunca volvieron a alcanzar un punto tan al norte: este campo de batalla entre Poitiers y Tours fue el extremo septentrional de su expansión y el inicio de su retroceso territorial.

☞ La victoria convirtió a Carlos de Heristal en el personaje más poderoso y afamado de Europa y le valió el apodo con el que pasó a la posteridad: Carlos Martel, el martillo del islam. Murió quince años después, el 22 de octubre de 747, y fue enterrado en la abadía de Saint Denis, cerca de París, el lugar de sepultura de la mayor parte de los reyes de Francia.

☞ A su muerte, el reino franco fue repartido entre sus hijos, a la manera de los reyes merovingios a los que los mayordomos habían arrebatado el poder. Carlomán se quedó con Austrasia, Alemania y Turingia y Pipino el Breve con Neustria, Borgoña y Provenza. Poco después, sin embargo, Carlomán renunció a su cargo de mayordomo y se retiró a un monasterio y Pipino se convirtió en la máxima autoridad del reino franco. En noviembre de 751, Pipino depuso al último monarca merovingio, Childerico III, se proclamó rey de los francos e inauguró la dinastía carolingia, llamada así en honor de Carlos Martel. Su monarca más conocido será Carlomagno, hijo de Pipino el Breve y fundador del Imperio carolingio.

☞ Algunos historiadores rechazan la idea de que la expedición de Al-Ghafiqi fuera de conquista y consideran que solo se trataba de una razia más, una incursión en busca de botín. Sin embargo, este hecho parece poco probable si se considera el tamaño de su ejército, la mayor fuerza musulmana que jamás pisó Francia, y la importancia que las crónicas árabes dieron a la muerte del líder árabe.

☞ Carlos Martel dejó otra herencia que sería fundamental para entender la Edad Media en Europa: comprendió la necesidad de garantizarse el apoyo de los principales nobles y magnates del reino y de asegurarse su lealtad. Para atraerlos, repartió entre ellos las extensas posesiones territoriales que estaban en manos de la Iglesia y del rey, con la idea de que, de esa forma, sus vasallos pudieran alimentar y mantener hombres suficientes para reclutar un ejército cuando él se lo requiriese. Fue el origen del feudalismo.

EDAD MODERNA

De cómo un don nadie consiguió lo imposible

—¡Espera, Cristóbal! ¿Quieres tranquilizarte, por Dios? ¡Aguarda! —exclama Bartolomé, exasperado, tratando de alcanzar a su hermano.

Este no le hace caso. Continúa descendiendo a paso vivo por las callejuelas de la Alfama lisboeta en dirección al río Tajo que, un poco más adelante, desemboca en el mar. Hacia el mar, siempre hacia el mar. Ambos llevan la sal en la sangre desde que, de chiquillos, correteaban por los muelles de Génova con las bocas abiertas por el pasmo ante aquellos barcos que arribaban a puerto con los vientres preñados de especias y lujosas telas, ante aquellos hombres de piel curtida cuyos ojos parecían haberlo visto todo.

Cristóbal, en efecto, no hace caso de su hermano. No se detiene hasta alcanzar la Ribeira das Naus, donde se encuentran los más importantes astilleros portugueses. Un viento frío sopla desde el mar. El otoño está ya muy avanzado y los días, cada vez más cortos, invitan a soñar con tierras más cálidas y soles más generosos.

—¿Los has oído, Bartolomé? ¿Has oído a esos pavos reales? ¡Pardiez, cómo pueden estar tan pagados de sí mismos! ¡Son unos ignorantes!

Un estruendo de gaviotas rompe la quietud de la tarde. Frente a ellos, el amplio estuario del Tajo protege la invernada de decenas de barcos de todos los tamaños: pataches, bergantines, carabelas, naos, carracas...

—No seas injusto, Cristóbal —Bartolomé contempla a su vez el bosque de mástiles. Entiende muy bien la frustración de su hermano, pero es un hombre ecuánime y suele mantener la cabeza más fría que Cristóbal—. En realidad, lo que han dicho los doctores es lo único que pueden decir. No discuten que se puedan alcanzar las Indias por el oeste, solo defienden que la distancia es muy superior a la que tú afirmas, tanta que ningún barco puede almacenar los víveres y el agua necesarios para realizar una travesía tal. ¿Quién los puede culpar por tal cosa?

—¡Lo que me faltaba, que ahora los defiendas! ¿Es que no han visto el mapa de Toscanelli? ¿Qué más necesitan?

—Toscanelli asegura que se pueden alcanzar las Indias por el oeste, pero la distancia que calcula es bastante mayor de la que defiendes tú, lo sabes muy bien. Además, ¿qué esperabas? ¡No están a tu servicio, sino al de su rey, son sus consejeros!

Cristóbal Colón masculla una imprecación y se aleja unos pasos de su hermano. Es hombre de bien formadas hechuras y más que mediana estatura, la cara larga, las mejillas un poco altas, sin declinar a gordo o macilento, la nariz aguileña y los ojos garzos. Se siente atrapado en un sueño. El rey Juan II de Portugal ha encargado a una comisión de doctores que dictamine sobre la viabilidad del proyecto, y esta acaba de emitir su veredicto: lo ha rechazado. Pero él sabe que tan ilustres cosmógrafos y matemáticos están equivocados. Lo sabe más allá de toda duda y teme que alguien se le adelante: que alguien alcance las Indias por el oeste por pura casualidad, arrastrado por las corrientes o los vientos alisios. Que le roben la gloria en sus mismas narices.

Pero, ¿qué hacer? Necesita que el rey patrocine su expedición. Y, sobre todo, necesita que Juan II se comprometa a otorgarle cuanto solicita. No le basta con capitanear un barco cualquiera y lanzarse a la mar, eso podría hacerlo con financiación privada. No, Cristóbal quiere que sea el rey portugués quien sufrague la expedición porque solo él puede nombrarle caballero, almirante y virrey de los territorios que espera descubrir. Solo él puede asegurarle el disfrute de tan importantes beneficios, y Cristóbal es ambicioso. Muy ambicioso. Sueña con embarcarse en la mayor aventura que han visto los siglos y quiere recibir la recompensa justa.

Su hermano Bartolomé le pone la mano en el hombro. Lo contempla en silencio un instante, la mirada amable y comprensiva.

—Quizá, si rebajas tus demandas, el rey Juan reconsidere su decisión...

Cristóbal se revuelve, furioso. Una racha de viento le atraviesa unas guedejas de pelo sobre la cara. Se las recoge bajo el gorro mientras observa el agua del río frente a él.

—No lo hará, Bartolomé —dice al fin con un matiz de desesperación en la voz—. ¿Para qué va a hacerlo? Portugal lleva décadas empeñado en encontrar el camino hacia las Indias rodeando África. ¡Diantres, Bartolomé, los dos hemos estado en la Guinea con el capitán Diogo Cão! No hace seis meses que hemos vuelto y ya se rumorea que Cão va a volver a embarcarse de forma inmediata. Esas son las expediciones que el rey Juan patrocina sin empacho: el oro y los esclavos de la Guinea y del Manicongo son presas demasiado jugosas para dejarlas escapar, y más ahora que ha firmado la paz con Castilla. El tratado de Alcáçovas deja Canarias para Castilla, pero a cambio reconoce a Portugal la exclusividad al sur de las Canarias. —Menea la cabeza, descorazonado—. Los portugueses han apostado por el camino africano, han invertido demasiados barcos, hombres y esfuerzos para lanzarse ahora a una empresa incierta por el oeste. No, Juan II no accederá...

Bartolomé lo contempla con semblante serio. Sabe que su hermano tiene razón.

—¿Qué vas a hacer, entonces? Siempre podemos buscar un noble o un rico mercader que sufrague la expedición...

Cristóbal lo contempla sin verlo. En sus ojos arde un fuego que Bartolomé conoce bien.

—No. Si el rey de Portugal nos desprecia, buscaremos otros reyes que nos aprecien.

—¿Qué pretendes, Cristóbal?

—¿Cuál es el principal competidor de Portugal?

Bartolomé menea la cabeza, vencido. Su hermano jamás aceptará un no por respuesta.

—Castilla, claro...

Un brillo febril ilumina las pupilas de Cristóbal.

—Pues a Castilla iré.

~

Hasta el escolar más despistado sabe quién fue Cristóbal Colón. Mejor dicho, sabe qué hizo Cristóbal Colón. Estemos o no de acuerdo en calificar de «descubrimiento» la epopeya que protagonizó —sin duda no fue ningún descubrimiento para los indígenas americanos, pero sí para unos europeos que, en el mejor de los casos, solo sospechaban la existencia de todo un continente—; defendamos o no descubrimientos previos como el de los vikingos o, incluso, de los templarios —sí, también hay quien mete a los templarios en este guiso—, lo cierto es que el viaje de Colón es por derecho propio uno de los episodios más trascendentales de la humanidad. Sus cinco semanas de navegación desde las islas Canarias al Caribe supusieron un golpe de timón que cambió para siempre el curso de la historia.

Sin embargo, asombrosamente, sabemos muy poco sobre Cristóbal Colón. Sabemos qué hizo, claro, pero apenas tenemos idea sobre quién era antes de hacerlo o cómo consiguió embarcarse en tamaña aventura; cómo, siendo un simple navegante, un don nadie, logró ser recibido por varios reyes e incluso llegó a convencer a dos de los más poderosos del momento, Isabel de Castilla y Fernando de Aragón, para que costearan su empresa; más extraño todavía: cómo consiguió arrancarles unas concesiones tan desorbitadas que lo convirtieron de la noche a la mañana en el personaje más poderoso del país tras los mismos reyes: nada menos que gran almirante de la Mar Océana y virrey y gobernador de todas las tierras que descubriese, con el derecho a recibir el diez por ciento de los beneficios generados por la expedición. Con Colón son muchos más los interrogantes que las certezas. Tampoco sabemos, por ejemplo, de dónde salía su firme convencimiento de estar en lo cierto, o el tesón que lo llevó a pasarse una década mendigando una ayuda que nadie quería darle.

Y no lo sabemos, no tenemos casi ninguna certeza sobre el Cristóbal Colón anterior al viaje, porque él mismo se encargó de que no lo supiéramos. Porque él mismo se empeñó, con singular éxito, en cubrir sus huellas, como si una vez encumbrado se avergonzara de cuanto había hecho antes, o de su origen, y quisiera hacer desaparecer todo rastro del Colón humilde que una vez fue. El almirante era sin duda un gran marino y un hombre tenaz como pocos, pero también un grandísimo mentiroso con un objetivo muy claro: dejar bien sentada ante el mundo su grandeza. Un objetivo con el que colaboró de forma muy eficiente su hijo y biógrafo, Hernando Colón, todo un megalomaníaco especializado en difuminar orígenes y oscurecer pasajes.

Sin embargo, no siempre lo lograron. No completamente, al menos. De entre la niebla que envuelve al personaje surgen algunas sospechas y unas pocas certezas. Pese a las numerosas teorías sobre su origen —hay muchos que anhelan la grandeza por asociación o que, más pragmáticos, desean recibir el maná económico que supondría contar con una casa natal de Colón en su localidad—, parece bastante seguro que era en efecto genovés, así lo declaró él mismo, nacido hacia 1451, hijo de un tejedor o de un mercader, y que desde muy pronto se dedicó a la navegación.

Sabemos también que, hacia 1476, Cristóbal naufragó en el sur de Portugal y alcanzó la costa a nado; que se afincó en el país, integrándose en la nutrida colonia genovesa de Lisboa, y que allí se casó tres años después con Felipa Perestrelo e Moniz. Esta descendía, por parte de madre, de aquel Egas Moniz que en el siglo XII fue ayo del primer rey de Portugal, Afonso Enríquez; y, por parte de padre, de una familia de hidalgos y navegantes italianos afincados desde el siglo anterior en Portugal. El padre de Felipa, Bartolomeu, también marino, fue el primer capitán, señor y gobernador de la isla de Porto Santo, en el archipiélago de Madeira.

Los años portugueses de Colón, entre 1476 y 1485, fueron decisivos para el proyecto descubridor. Instalado en Porto Santo con Felipa, al menos cuando no estaba navegando, es muy posible que fuera aquí donde comenzó a germinar la idea de viajar a las Indias por el oeste. En la hacienda familiar de Porto Santo se conservarían las cartas de navegación y los papeles del padre de Felipa, y en la isla, situada en medio del Atlántico, no sería difícil encontrarse con marinos que hubieran hecho la ruta de Guinea. Portugal vivía por aquellos años en un ambiente de efervescencia descubridora, empeñado en abrir de una vez por todas la ruta hacia las Indias a través de África. Europa entera volcaba sus ojos en el mar, se despertaba el deseo de conocer otros horizontes y Colón se encontraba en el mejor de los lugares posibles: en medio de un Atlántico que se iba ampliando a golpe de timón. Azores, Madeira, Canarias, Cabo Verde... Las Canarias ni siquiera estaban del todo conquistadas, la resistencia de los aborígenes continuó en Gran Canaria hasta 1483, La Palma no fue incorporada a Castilla hasta 1493 y Tenerife no lo hizo hasta 1496. El mundo conocido se expandía. Eran años en los que todo parecía posible.

Las historias escuchadas en Porto Santo, en las Madeira, debieron de hacer hervir una imaginación tan fértil como la de Cristóbal: hablaban de extraños maderos tallados que de cuando en cuando llegaban hasta las playas, de almadías con chozas flotando a la deriva, de los cadáveres de unos individuos de piel cobriza y rasgos asiáticos que se habían encontrado en la isla de Flores, en las Azores. De todos era conocida la existencia de una misteriosa isla situada hacia el oeste, que incluso aparecía en algunos mapas aunque nadie supiera situarla con exactitud, llamada a veces Antilia, otras «de san Brandán» y otras más «de las Siete Ciudades», fundadas estas al parecer por un arzobispo y seis obispos huidos de España cuando los musulmanes la conquistaron. El mismo Colón viajó durante estos años a Inglaterra, quizá también a Islandia y, sin duda, al menos dos veces, la última en 1482, con su hermano Bartolomé y bajo las órdenes de Diogo Cão, a Guinea. Viajes que le convirtieron en un buen conocedor de las rutas y los vientos del Atlántico.

Sin embargo, ¿eran estos indicios suficientes para alumbrar la idea de que un viaje a la India era posible por el oeste? A estas alturas del milenio ya ningún hombre de ciencia dudaba de la esfericidad de la Tierra. Todos sabían que, en teoría, tal viaje era posible. De hecho, ya mucho antes, en el siglo III a.n.e., el astrónomo y geógrafo griego Eratóstenes de Cirene había asegurado que era posible navegar desde la península ibérica hasta la India.

O lo sería, si no fuera por la distancia. Ahí estribaba el problema real: ¿cuál era la verdadera circunferencia de la Tierra? Eratóstenes la había calculado con asombrosa exactitud: 252 000 estadios o, lo que es lo mismo, 25 000 millas (entre 39 691 y 45 008 kilómetros; la circunferencia real es de 40 075 kilómetros). Pero otro astrónomo posterior, Posidonio, rehizo los cálculos de Eratóstenes y concluyó que la distancia era de 18 000 millas, unos 29 000 kilómetros. Esta fue la distancia utilizada por Claudio Ptolomeo en su *Geographica*, que fue la base del conocimiento geográfico de Occidente durante toda la Edad Media. La diferencia entre una y otra medición era fundamental: en el caso de aceptar la cifra de Eratóstenes, el viaje sería imposible, pues no habría forma de acopiar y conservar en buen estado la cantidad de víveres y agua imprescindibles para la travesía; pero si el dato correcto era el de Posidonio, el viaje sería practicable.

Poco antes de llegar al trono, el mismo rey de Portugal que unos años después recibió a Colón, Juan II, se interesó por la cuestión y encomendó al canónigo lisboeta Fernando Martins que se pusiera en contacto con el astrónomo florentino Paolo dal Pozzo Tosscanelli. El rey quería saber cuál era la verdadera circunferencia de la Tierra y la extensión del océano Atlántico. Toscanelli respondió elaborando una carta náutica que incluía la existencia de la isla de Antilia y acercaba Cipango, el mítico Japón del que hablaba Marco Polo, hasta situarlo a tres mil millas náuticas de Canarias.

De alguna forma, Colón llegó a hacerse con una copia de esta carta —el cómo es otro de los misterios que le rodean: él aseguró que se escribía también con Toscanelli y que este le envió una copia, aunque más de un historiador sospecha que simplemente la robó—. Estudió el mapa y, basándose en los cálculos del cartógrafo Marino de Tiro, rebajó la cifra de Toscanelli a 2400 millas náuticas, lo que hacía el viaje posible. Ambos, Toscanelli y Colón, se equivocaban por mucho, pues la distancia real es entre tres y cuatro veces mayor: 10 600 millas.

Pero Colón no lo sabía, o no quería saberlo, y armado con tales argumentos comenzó a buscar un patrocinador real que sufragara los gastos de la expedición. Juan II lo recibió, escuchó su plan y sus pretensiones y lo despidió sin aceptar su propuesta.

A finales de 1484, tras recibir la negativa de Juan II y temiendo quizá que el rey portugués enviara una expedición por su cuenta, decidió abandonar Portugal y probar suerte en Castilla. No debió de resultarle nada fácil, pues en Portugal dejaba a su mujer Felipa y a su hijo Diego, nacido en 1480. Aunque esto tampoco se sabe con seguridad: algunos aseguran que la mujer ya había fallecido por estas fechas, quizá al dar a luz a un segundo hijo de Colón nacido muerto, y que Cristóbal se fue a Castilla con su hijo Diego; otros aseguran que Felipa falleció unos años después, hacia 1488.

Otra razón para su marcha de Portugal —que explicaría por qué no siguió insistiendo con el rey, cuando sí insistió después, y mucho, con los Reyes Católicos— podría ser que su familia política se vio implicada en una fracasada conjura nobiliaria para derrocar a Juan II. La conjura existió, desde luego, y le costó la cabeza a sus promotores, pero sobre la participación de los Perestrelo e Moniz... Quién sabe. Esta cuestión, como tantas otras, permanece difuminada por la pluma de Hernando Colón, el hijo biógrafo. Lo que sí se sabe con certeza es que cuando Colón salió de Portugal tenía alguna cuestión pendiente con la justicia de este país. El propio Juan II lo reveló, de la forma más curiosa, unos años después.

Pero, por el momento, Colón se fue a Castilla con un objetivo entre ceja y ceja: entrevistarse con los Reyes Católicos para proponerles su plan. Una idea peregrina, pues, ¿cómo iba a conseguir que lo recibieran tan altas dignidades, a él, un simple marino italiano que además llevaba años afincado y casado en Portugal? Aunque quizá eso mismo fuera un argumento a su favor. Al cabo, ¿quién era el principal rival de Portugal en el Atlántico, sino Castilla? ¿Quién no se sentiría tentado por la oportunidad de conocer los secretos mejor guardados de su principal competidor?

Quizá fue esto lo que pensó Colón. O quizá, simplemente, no tenía más opciones.

Fuera como fuese, no iba a darse por vencido.

~

Málaga, septiembre de 1487

Cristóbal da vueltas de un lado a otro de la lujosa estancia. Viste calzas acuchilladas de color granate, jubón realzado con una gorguera española y capa negra sobre los hombros, ropas dignas, aunque no lujosas, para ser recibido por sus altezas los reyes. Está nervioso, para qué negarlo. El calor del verano malagueño perla su piel de un sudor incómodo, que le despierta picores bajo los excesivos paños.

De cuando en cuando, en su deambular, pasa ante una ventana de la alcazaba. Tras ella se divisa un amplio panorama, la ciudad entera rendida a sus pies, el mar a babor. Todavía se ven aquí y allá las huellas del duro asedio al que fue sometida tanto la ciudad como la propia alcazaba, un asedio que durante quince meses ha tenido en vilo al reino y que solo se solventó unos días atrás, el 18 de agosto, con la rendición del ejército moro. El 19, Isabel y Fernando entraron en la ciudad e izaron el pendón de Castilla en la torre del homenaje en la que ahora se encuentra Colón. ¡Pensar que hasta unos días antes estas tierras llevaban ocho siglos siendo musulmanas!

Se rasca una incómoda picazón en un omóplato. Lleva ya varias horas aguardando y no sabe qué pensar. Otros, convocados como él ante los reyes, han aguardado en la misma estancia, han entrado, se han marchado. Colón sigue allí y comienza a pensar que se han olvidado de él. Pero, ¿qué puede hacer, salvo esperar?

Casi tres años ya. Tres años en tierras castellanas viviendo a salto de mata, desde aquel otoño de 1484 en que dejó Portugal. Han sido tiempos duros, pero reconoce que las cosas no le han ido mal del todo. Se ha hecho con buenos amigos y protectores, frailes del entorno de los reyes que lo han ayudado, y siguen haciéndolo, en todo lo que pueden, que creen en él y en su empresa: el franciscano Antonio de Marchena, notable astrónomo y su más firme defensor; el jerónimo Hernando de Talavera, varón sobrio y con fama de santo, confesor de la reina y miembro del Consejo Real; el dominico Diego de Deza, profesor de teología de la Universidad de Salamanca, maestro del príncipe Juan y confesor del rey Fernando.

Ellos son sus principales valedores, personas de peso, muy estimadas en la corte. Gracias a ellos consiguió presentar a los reyes su proyecto un año y medio atrás. Tras perseguir a la corte itinerante por media Castilla, Colón llevaba desde octubre de 1485 en Alcalá de Henares, aguardando primero a que la reina diera a luz a su hija doña Catalina, nacida el 16 de diciembre de ese año, y después a que se recuperara del parto. Por fin, el 20 de enero de 1486, cuando ya desesperaba, los reyes lo recibieron.

Cristóbal recuerda muy bien la ocasión, cómo olvidarla. El rey Fernando se mostró frío y desinteresado, como si hubiera accedido a la audiencia por puro compromiso; Isabel, sin embargo, prestó atención y examinó con curiosidad el mapa de Toscanelli, cuya copia les había mostrado. Debió de despertar el interes de la reina, pues tras la audiencia esta decidió someter el proyecto de Colón al dictamen de una junta de cosmógrafos. Lo mismo que había hecho el rey Juan en Portugal.

Pero las cosas de palacio, ya se sabe. La formación de la comisión fue lenta, y más lentas todavía sus deliberaciones. Colón se había pasado meses en Salamanca, primero aguardando a que la junta se reuniera, después exponiendo ante ella sus argumentos. Un año entero transcurrió entre la audiencia real y el fin de las sesiones de la junta, en enero de ese año de 1487. Después vinieron tres meses más, hasta la primavera, de sesudas deliberaciones a puerta cerrada, hasta que los doctores alcanzaron un acuerdo y transmitieron a los reyes sus conclusiones.

Y casi medio año desde entonces hasta este momento, ya entrado septiembre, en que sus altezas lo convocan para comunicarle su determinación final. ¡Pardiez que se toman las cosas con calma! ¿Cómo no va a estar nervioso, con todo lo que se juega?

Colón se pasa la manga por la frente para secarse el sudor. Se acerca ya el mediodía y el sol relumbra en lo alto del cielo. ¿Es que lo van a tener allí todo el día?

Justo en ese instante se abre la puerta que comunica con la sala de audiencias. Fray Diego de Deza se acerca con semblante grave, que se ajusta muy bien a sus negras vestiduras de dominico.

—Lamento mucho la demora, Cristóbal —se excusa su amigo y valedor—, pero las cuestiones de la guerra han ocupado a sus altezas... En fin, ahora os recibirán.

Examina el rostro de su interlocutor en busca de algún indicio de lo que le espera, pero los ojos del fraile lo rehúyen. No es buena señal. Traga saliva, aprieta las mandíbulas y lo sigue hasta la cámara donde aguardan Isabel y Fernando en sendos tronos.

—Sed bienvenido, maese Colón...

Se detiene frente a los reyes y hace una genuflexión. Nota el corazón bombeando en su pecho a toda velocidad, el sudor en finas gotas sobre la piel. Es consciente de que los siguientes minutos serán decisivos. Con la boca reseca, murmura un saludo.

—Serenísimos señores...

Isabel fija sus ojos en él. El semblante de la reina es serio, pero también inquisitivo, como si se preguntara si lo que está a punto de decir es lo correcto, como si tratara de ver lo que ocultan sus pensamientos. Tras unos instantes de silencio, Isabel echa un vistazo fugaz a su marido, el rey Fernando, y empieza a hablar.

—Habéis de saber que la junta por nos convocada ha decidido rechazar vuestro proyecto...

El mundo se desmorona a su alrededor. Tiene que hacer un gran esfuerzo para que la decepción no le venza, para que no se escape por su rostro ni doble sus rodillas. Desearía gritar de pura frustración. ¿Tanto esfuerzo, tanta demora para esto? La reina sigue hablando, expone las razones de los cosmógrafos, pero Colón ya no escucha. Se mantiene en pie, firme, transpirando, la mirada perdida en el vacío, un tiempo que se le antoja interminable. Hasta que unas palabras de Isabel lo hacen volver al presente.

—Más adelante, cuando estemos más desocupados, volveremos a examinar vuestro negocio...

—¿Más adelante?... —se le escapa, casi un murmullo, sin poder evitarlo.

La reina se interrumpe. Clava su mirada en él. Dura, calculadora.

—Tened paciencia, maese Colón. Dios proveerá.

Ni siquiera se da cuenta de cómo lo despiden. De repente se halla en el exterior, en el patio de armas de la alcazaba, con Diego de Deza a su lado.

—Es la guerra de Granada, Cristóbal. Sus altezas están empeñadas en culminar una empresa de siglos y vuelcan todos los recursos de sus reinos en tan inmensa empresa. Pero Granada está madura, no tardará en rendirse, y las palabras de la reina son esperanzadoras. No es un rechazo definitivo, solo un más adelante...

—¿Cuándo, don Diego? ¿Cuánto más he de esperar? —grazna Colón, la voz rota.

—El rey Fernando confía en que la próxima campaña será la última.

La próxima campaña. Están en septiembre, así que hasta la primavera, hasta el próximo verano, como pronto, no habrá nueva oportunidad. Ni siquiera sabe de qué va a vivir hasta entonces. Los largos meses de peregrinar tras la corte le han impedido ganarse la vida. ¿Qué va a hacer?

Aprieta las mandíbulas en un gesto de determinación. No va a rendirse. No ahora, después de tanto esfuerzo.

No lo hará, sabiendo lo que sabe.

~

No, Colón no iba a darse por vencido. No lo hizo cuando lo rechazó el rey de Portugal ni lo hará en esta ocasión, cuando la junta de sabios de Castilla desestima su proyecto con argumentos, hay que reconocerlo, mucho más sólidos que los suyos. Pues lo que decían los cosmógrafos era muy cierto: las Indias no se hallaban tan cerca como aseguraba Cristóbal. La formación científica del navegante dejaba bastante que desear, y sus cálculos eran, por decirlo suavemente, pura fantasía.

Salvo que fuera al revés. ¿Y si los cálculos no eran previos, sino posteriores? ¿Y si lo que intentaba Colón era buscar argumentos que demostrasen lo que ya sabía más allá de toda duda? Si supiera con absoluta certeza que había un camino por el oeste y que las Indias se hallaban a, digamos, cuatro o cinco semanas de navegación, si supiera que el viaje era posible pero no quisiera revelar que lo sabía ni, mucho menos, cuál era el camino que se debía seguir, ¿no buscaría la forma de apoyar con argumentos científicos sus certezas prácticas?

La sospecha es antigua, tanto que ya en vida del almirante se hablaba de esta cuestión, y el propio Bartolomé de las Casas la menciona en su *Historia de las Indias*. Dice el fraile que las gentes de La Española daban todas por cierto que antes de Colón había arribado a aquellas tierras una carabela, no se sabe bien si española o portuguesa, arrastrada por una fuerte tormenta, y que sus tripulantes, tras pasar una temporada en la isla, habían intentado regresar, con tan grandes dificultades que la mayor parte enfermaron y murieron por el camino. Solo unos pocos consiguieron arribar a la isla de Madeira, en tan malas condiciones que todos murieron poco después. Colón, que por entonces vivía en el archipiélago, habría acogido en su casa al piloto de la carabela, y este le habría revelado cuanto sabía antes de fallecer.

La historia tiene cien variantes. Garcilaso de la Vega aseguró que el piloto era andaluz y se llamaba Alonso Sánchez de Huelva; otros defendieron que era portugués, o vizcaíno, y otros más que el hecho se había producido en la Gomera, donde Colón se hallaba por pura casualidad, y no en Madeira, y que no todos los marineros murieron, que algunos acompañaron a Colón después en sus viajes... Sea como fuere, todas las versiones coinciden en algo: fue el piloto desconocido el que reveló a Colón la ruta que debía seguir para llegar a las Indias y el que le indicó la distancia a la que se encontraban.

Pese a las reticencias que pueda despertar, son muchos los historiadores que dan credibilidad a este «predescubrimiento», que por otra parte no habría sido nada raro: el Atlántico era la gran zona de expansión portuguesa y el comercio marítimo entre el norte y el sur de Europa abundaba cada vez más. El océano hervía de barcos, así que resulta muy posible que uno cualquiera se hubiera desviado de su ruta lo suficiente como para llegar a América. Unos años después, en 1500, el navegante portugués Pedro Álvares Cabral «descubrió» Brasil cuando se adentró accidentalmente en el Atlántico en busca de vientos que lo llevaran hacia el sur.

Que Colón supiera, de una u otra forma, de la existencia de una ruta a las Indias por el oeste explicaría su tenacidad y su completa seguridad sobre la ruta que debía seguir —solo desde Canarias llevan los vientos alisios a los barcos en volandas hasta América— o la distancia a la que se hallaba. Él mismo le dice a los Reyes Católicos, años después de realizada su hazaña, refiriéndose de forma quizá velada a esto: «Milagro evidentísimo. Me abrió nuestro Señor el entendimiento con mano palpable a que era hacedero navegar de aquí a las Indias, y me abrió la voluntad para la ejecución de ello. Y con este fuego vine a vuestras altezas». ¿Era ese milagro la información que le dio el piloto desconocido? El fuego, por otra parte, ardía de forma muy real: la llegada a América era inminente y Cristóbal temía que alguien se le adelantara.

Solo dando por válida la teoría del predescubrimiento se explicaría el misterioso encabezado de las Capitulaciones de Santa Fe, en las que se lee, textualmente:

> Las cosas suplicadas e que vuestras altezas dan e otorgan a don Cristóbal de Colón en alguna satisfacción de lo que ha descubierto en los mares océanos y del viaje que agora, con el ayuda de Dios ha de facer por ellas en servicio de vuestras altezas (...).

«Ha descubierto». Pero el viaje todavía no se había producido. ¿Es una errata o desvelaba una información que Colón, en secreto, había transmitido a los reyes? Conociendo la gran capacidad que tenía para distorsionar la realidad, no sería extraño que, para inclinar la decisión a su favor, les hubiera asegurado que él mismo ya había estado en las tierras de las Indias...

Sin embargo, supiera o no que había una ruta por el oeste, en septiembre de 1487 las cosas están realmente difíciles para el futuro almirante.

Tras la entrevista con los reyes se marcha, profundamente desalentado, y se instala en Córdoba, donde había entablado relación con una joven, Beatriz Enríquez de Arana, que se convertirá en su compañera de por vida y con la que en agosto de 1488 tuvo otro hijo, Hernando Colón, su futuro biógrafo. Una vez más desconocemos si por entonces Cristóbal ya era viudo o si Felipa todavía vivía. Tampoco sabemos a qué se dedicó el futuro almirante durante este tiempo, quizá a elaborar cartas náuticas, una actividad a la que ya se habría dedicado en alguna ocasión en Lisboa con su hermano Bartolomé.

O, al menos, eso haría cuando no perseguía a los reyes, de Córdoba a Sevilla, de ahí a Valencia y después a Murcia, pendiente de los avatares de la guerra de Granada

—que se prolongaba contra toda probabilidad— y de un cambio de fortuna.

Unos meses después del fiasco de Málaga, el 20 de marzo de 1488, recibió una extraña misiva que debió de revitalizar sus esperanzas, pues el remitente era nada menos que el rey de Portugal. En ella, Juan II lo llamaba «noso especial amigo» y lo invitaba a visitarlo en Lisboa. Más todavía: le aseguraba que no tenía nada que temer de su visita, que sería bien recibido y bien tratado y la justicia portuguesa no actuaría contra él. Todo un salvoconducto real, pero, ¿por qué lo necesitaba Colón? ¿Quizá por la supuesta participación de la familia Perestrelo en la conjura contra el rey de unos años antes? ¿Por robar el mapa de Toscanelli? Otro misterio sin resolver.

Lo más interesante, sin embargo, es el motivo por el que Juan II lo llamó. ¿Pretendía el rey portugués concederle lo que antes le había negado? Si ese era el caso, ¿por qué habría cambiado de parecer?

Juan II no se había quedado de brazos cruzados tras rechazar la propuesta de Colón en 1484. Por aquellos años sus barcos seguían avanzando trabajosamente hacia el sur, siguiendo la costa de África, y no acababan de encontrar una vía hacia las Indias. Nada garantizaba que finalmente lo consiguieran, así que el rey debió de pensar que no perdía nada por probar una nueva ruta. Eso sí: ¿para qué iba a concederle a Colón las barbaridades que este pedía, que si almirante, que si virrey, cuando tenía a su disposición marinos de sobrada experiencia capaces de realizar la dicha travesía sin tantas exigencias?

Así lo hizo: en 1486 ordenó al flamenco Ferdinand van Olmen (conocido en Portugal como Fernão Dulmo) y a Joham Afomso do Estreito, un hacendado de Madeira, que partieran muy en secreto para buscar la ruta a las Indias por el oeste. La expedición levó anclas en 1487. No se sabe muy bien qué pasó con ella, pero sí que fue un fracaso. De no serlo nadie habría llegado a conocer el nombre de Cristóbal Colón, probablemente.

Es posible que ese fracaso hiciera pensar a Juan II que, si tal viaje era posible, solo Colón tenía la clave. Quizá lo llamó por ese motivo, para concederle lo que tanto ansiaba. Quizá en este instante estuvo a punto de cambiar la historia del mundo.

Y lo hizo, cambió, pero por otro motivo: cuando Colón estaba en Portugal (adonde acudió tras visitar de nuevo a los Reyes Católicos y recibir de ellos otra negativa), asistió a un acontecimiento trascendental, todo un logro de enormes consecuencias (aunque muy poco oportuno para sus aspiraciones): la llegada de Bartolomé Díaz a Lisboa tras alcanzar por fin el punto meridional de África, el cabo de Buena Esperanza, y abrir así el camino hacia la India.

El éxito, tanto tiempo buscado, hizo que el rey Juan se olvidara de la búsqueda de la ruta por el oeste. Si Díaz hubiera regresado solo unos meses después, cuando ya Colón tuviera presta su armada, quizá la historia del mundo sería hoy otra, pero las cosas fueron como fueron. Y Juan II se decidió: era tiempo de volcarse en consolidar lo que tan duramente habían conseguido sus marinos, no de lanzarse a nuevas aventuras.

Cristóbal Colón regresó pues a Andalucía. Frustrado, convencido de que era el hombre menos afortunado del mundo. ¿Pues no había ido a parar a Castilla cuando esta se embarcaba en la guerra contra Granada, el último reino moro de la península? ¿No lo llamaban de Portugal cuando este país culminaba la mayor empresa de su historia?

Descorazonado, empezó a plantearse otras opciones. Lo había intentado todo con Juan II y los Reyes Católicos, era hora de buscar nuevos apoyos. Todavía en Portugal, le pidió a su hermano Bartolomé que acudiera a Inglaterra, que buscara la manera de ofrecerle el proyecto a su rey mientras él lo intentaba en Castilla por un camino diferente: ya que los reyes se le resistían, buscaría un noble que lo patrocinara. No sería lo mismo, ningún noble le podía garantizar los privilegios que ansiaba, pero, ¿qué otra opción le quedaba?

Cristóbal se dedicó con empeño a la tarea. Tras un primer fracaso con el noble más importante del reino, el duque de Medina Sidonia, se dirigió a don Luis de la Cerda, duque de Medinaceli y señor del puerto de Santa María, entre muchos otros títulos y dignidades, el tercero en poder tras los reyes y el de Medina Sidonia.

Y ahí, de repente, las puertas se le abrieron de par en par. El duque acogió con entusiasmo la propuesta: «Tendréis cuanto sea menester, maese Colón. Dejadlo de mi cuenta, no os han de faltar tres o cuatro mil ducados con los que armar tres navíos...». A don Luis de la Cerda y de la Vega le brillaban los ojos cuando soñaba con otros mares y otras tierras. O quizá era el brillo del oro que esperaba ganar con las especias de Indias el que refulgía en sus pupilas...

Qué más daba. Lo apoyaba. Colón apenas daba crédito tras tanta decepción, pero no perdió el tiempo. Comenzó a organizarlo todo con el entusiasmo del que ve cercana la recompensa por sus desvelos. Eran los primeros meses de 1489.

La alegría duró poco.

Don Luis de la Cerda sabía que una empresa como la que Colón planteaba no podía llevarse a cabo sin la aprobación de la Corona, así que escribió a la reina para informar de sus propósitos. Isabel leyó la carta y esta debió de remover algo en su interior. Quizá pensó que, si al cabo Colón tenía razón y era el de Medinaceli el que patrocinaba la empresa, los beneficios serían para el duque. Y harto sabía lo muy necesitada que estaban las arcas reales, con tanta guerra. O quizá reflexionó sobre privilegios y prerrogativas, que los reyes son muy dados a temer competencias.

Fuera como fuese, Isabel pidió a don Luis de la Cerda que le enviase al navegante. Hizo más: el 12 de mayo de 1489 ordenó que se diera posada y mantenimientos a Colón en cuanta ciudad, villa o posada se detuviera de camino a la corte, adonde debía acudir para «entender en algunas cosas complideras a nuestro servicio».

Cristóbal, imagino que esperanzado con el cambio de tercio, que una reina no ordena que se provea a un simple navegante si no tiene intención de sacar provecho de su generosidad, acudió a Jaén. Allí se hallaban los reyes, al frente de la que esperaban fuera la última campaña contra Granada.

Pero la victoria final no llegaba. Baza y Almería se resistían, y el año de 1489 terminó siendo el más duro de la guerra. Solo en diciembre, tras más de seis meses de duro asedio, se consiguió tomar Baza, y su conquista llevó en poco tiempo a la capitulación de Almería, Guadix, Almuñécar y Salobreña.

Colón, mientras tanto, en la corte. El año entero. Esperando, una vez más. «Aguardad, maese Colón, Dios proveerá». «En cuanto la guerra concluya...». ¡Y él que pensaba que ya tenía la recompensa al alcance de la mano! ¿Para qué lo habían llamado si no? Siguiendo a los reyes de Jaén a Baza y de esta a Almería y Guadix, y de vuelta a Jaén en los primeros días de enero de 1490, cuando todos aguardaban que la rendición de Granada fuera inminente. «Un poco de paciencia, las negociaciones están en marcha...». Solo faltaba por caer la ciudad, todo el territorio estaba ya en manos cristianas.

Pero Granada no se rindió.

En otoño de 1491, año y medio después, Colón estaba desesperado. Harto de los reyes, que habían ordenado levantar un gran campamento real en las afueras de Granada, el campamento de Santa Fe, y que desde allí lanzaban continuos ataques sobre la ciudad. Hastiado de aguardar de brazos cruzados por el final de una guerra que nunca terminaba. Siete años llevaba dando vueltas por Castilla, persiguiendo su escurridizo sueño.

No aguantaba más.

Decidió largarse. A Francia, por qué no. Las noticias de su hermano Bartolomé, desde Inglaterra, no eran halagüeñas, así que probaría suerte con Carlos VIII, el rey de Francia, que tenía fama de afable y cortés. No le podía ir peor que en esa Castilla donde Dios no acababa nunca de proveer.

Dicho y hecho. Abandonó la corte y se dirigió a San Juan del Puerto, en Huelva, para recoger a su hijo Diego, al que cuidaba Violante Moniz, la hermana de su mujer, que estaba afincada en ese lugar. Pretendía llevar a Diego a Córdoba, con Beatriz y su medio hermano Hernando.

De una u otra forma, los pasos llevaron a Colón al convento franciscano de La Rábida, en la confluencia de los ríos Tinto y Odiel, en las afueras de Palos de la Frontera. Aquí los hechos se confunden, difuminados por la niebla con que el propio Colón y su hijo los envolvieron. Santa María de La Rábida era un monasterio fundado unas décadas antes, en 1412, que ya había cobrado fama de hospitalario. Destacaban sus frailes, además, según cuentan, por su curiosidad científica y su afición por las exploraciones marítimas. No sabemos si Colón había estado ya antes en La Rábida, es probable que lo hiciera en 1485, recién llegado a Castilla, y que fueran precisamente sus frailes los que le abrieron el camino a la corte. Lo que sí es seguro es que estuvo en este año de 1491, cuando, tras recoger a su hijo Diego, se disponía a abandonar España, quizá por mar, para dirigirse a Francia.

Pero nunca lo hizo, porque en ese momento, una vez más, la historia guiñó un ojo y movió ligeramente el timón.

~

La Rábida, octubre de 1491

Fray Juan Pérez es un hombre afable y de sonrisa permanente, una de esas personas que calientan el corazón. Se ha interesado por Colón al verlo entrar en el monasterio con su hijo Diego. Le ha preguntado quién es y de dónde viene, y al comentarle Cristóbal que es navegante, una cosa ha llevado a la otra y ambos han terminado enzarzándose en una larga conversación en la que todo sale a relucir: el sueño de llegar a las Indias por el oeste, los años en Portugal, la interminable espera y las frustraciones en Castilla, el propósito de marchar a Francia. Fray Juan lo ha escuchado con gran atención y después, mientras Cristóbal y Diego almuerzan, manda llamar a su buen amigo García Hernández, un médico de Palos que entiende de astronomía, para que le dé su opinión sobre los argumentos que esgrime el navegante.

—No podéis marcharos, maese Colón —niega el fraile cuando Cristóbal se dirige a él, un poco después, para despedirse—. Sería un gran deservicio de sus altezas, los reyes.

—Creedme, fray Juan, lo he intentado todo. Siete años llevo intentándolo.

—Aun así, debéis perseverar. Dejadme que os eche una mano.

Cristóbal sonríe. El fraile tiene buena intención, sin duda, pero, ¿qué puede hacer un simple franciscano de un monasterio perdido cuando el mismísimo don Luis de la

Cerda, el duque de Medinaceli, no ha logrado torcer la voluntad real?

—¿Vos? ¿Y qué podéis vos...? —deja la pregunta en el aire, temeroso de ofender al fraile.

Ahora es Juan Pérez quien sonríe. Un brillo travieso cruza sus pupilas.

—Poca cosa, pues solo soy un simple fraile, como bien veis. Pero el Señor, Él sabrá por qué, me ha hecho confesor de doña Isabel. De mozo serví en la casa de la reina en oficio de contadores, y ahora lo hago como religioso. Dejadme que le envíe unas letras para que reconsidere su decisión. Si no lo consigo, podréis partir con la seguridad de que lo habéis intentado todo. Solo serán unos días, durante los cuales podréis alojaros aquí, en el monasterio, con vuestro hijo...

Colón no da crédito. ¿De verdad aquel fraile es confesor de la reina Isabel? ¿Qué extraños designios le han conducido a él, Cristóbal, hasta aquel monasterio que creía perdido? Su pecho es un torbellino de sentimientos encontrados. ¿Será la mano del Todopoderoso la que lo detiene justo cuando está a punto de partir?

No sabe qué hacer. No quiere albergar una vez más falsas esperanzas. Por mucho confesor de la reina que sea, ¿qué va a cambiar? ¿Cuántas veces ha creído que Isabel iba a ceder y al final no lo hizo? Menea la cabeza, confundido. No quiere pasarse la vida en un quiero y no puedo para terminar anciano en un puerto cualquiera, mirando el mar y ansiando glorias que nunca ha alcanzado.

—¿Qué perdéis con intentarlo? —insiste fray Juan, mirándolo con simpatía.

Qué puede perder. Piensa en Francia, en lo duro que será volver a empezar de nuevo, conseguir amigos que lo guíen, abrirse camino hasta el rey. La enormidad de la tarea lo descorazona.

Se encoge de hombros.

—Como digáis, fray Juan. Aguardaré, pues. ¿Qué puedo perder?

Se queda.

Las jornadas se clavan como garfios en su piel mientras recorre los muelles y contempla el mar, a veces acompañado por el fraile, a veces por el médico García Hernández, charlando aquí y allá con viejos marineros de Palos y de Moguer.

Catorce días después, un alborozado fray Juan lo recibe cuando regresa de uno de sus paseos.

—¡La reina me ha respondido, maese Colón! —la sonrisa llena el rostro bonachón—. ¡Y son buenas nuevas! Me agradece el buen propósito y me pide que acuda a verla...

—¿Vos? ¿Que acudáis vos? —se extraña Cristóbal. Y continúa, mordaz—. ¿Acaso os habéis convertido en navegante?

Mas el fraile no hace caso de la pulla.

—Me pide también que, mientras yo acudo a verla, se os deje a vos en seguridad de esperanza hasta que ella os escriba. Así que ya sabéis, ¡ni se os ocurra abandonarnos durante mi ausencia! Ea, os dejo, que he de preparar la mula para el viaje...

Marcha el fraile, y atrás queda Colón. Ni siquiera sabe qué sentir, a esas alturas. No quiere abrigar esperanzas una vez más. ¿Cuántas veces ha dicho la reina no pero sí, quizá, ya se verá?

Más días. Los rumores van y vienen. Se habla de que, esta vez sí, Granada va a caer. Se rumorea que hay tratos formales para la entrega de la ciudad, que se ha acordado ya, que... Colón nada se cree, demasiadas veces antes lo hizo. Los días pasan y la espera le agujerea las tripas. Hasta que llega Diego Prieto, vecino de la villa, y se planta en el monasterio con veinte mil maravedíes.

—Para que os vistáis honestamente, compréis una bestezuela y acudáis a Santa Fe, maese Colón. La reina os espera.

Cristóbal menea la cabeza, confundido. ¿Pues no es locura que una vez más Isabel le envíe dineros para que acuda a su lado? ¿Y si esta vez, como las anteriores, se limita a hacerlo esperar en la corte, demorando hasta el infinito una decisión?

Por otra parte, ¿cómo negarse a acudir? Nadie dice que no a una reina. Y menos alguien que quiere tanto de ella.

El año declina y Colón emprende el viaje hacia el campamento de Santa Fe, a un tiro de piedra de la Granada todavía mora. Por el camino se entera de que el 25 de noviembre se han firmado capitulaciones y se ha acordado un plazo de dos meses para la rendición. La esperanza prende en su ánimo. Corren los últimos días de diciembre. Un mes más y la guerra habrá acabado. Sí, es posible que esta vez la reina, concluida la empresa de Granada, se decida por fin...

Unos días después, ya en Santa Fe, mientras aguarda a ser recibido por la reina, Colón asiste con gran asombro y la certeza de estar viviendo un momento histórico a la rendición de Granada. Su rey Boabdil ha decidido no esperar a que concluyera el plazo y el 2 de enero, ante una multitud sobrecogida, hace entrega de las llaves de la ciudad a Fernando e Isabel.

—La reina se muestra propicia, maese Colón —le dice el fraile Juan Pérez, ya para siempre amigo, con el que se reencuentra en Santa Fe.

Así es. Pasados los festejos de la victoria, entrado el mes de enero, la reina lo recibe.

Esta vez ya no se discute si el viaje es o no posible. Esa es decisión ya tomada, ahora la cuestión es muy distinta: las exigencias del navegante. Los reyes quieren acometer la empresa, pero no están dispuestos a convertir a Colón en el personaje más poderoso de Castilla y Aragón, solo tras ellos mismos. Los frailes Antonio de Marchena, Hernando de Talavera, Diego de Deza y Juan Perez, a quienes la historia llamará por su apoyo «los frailes constantes», aconsejan a Cristóbal y tratan de atemperar sus demandas, que son muchas y muy desusadas, pero este se muestra firme y se revela como un duro negociador.

—¿Qué queréis, fray Juan? ¡Años llevo tras este empeño y sé muy bien que de la empresa vendrán grandes honras y riquezas para el reino! ¿He de entregarlo todo cual si fuera bagatela? ¡En mala hora!

Juan Pérez representa en las deliberaciones a Colón y por parte de los reyes negocia el secretario real Juan de Coloma. Pero los meses pasan, comienza abril y ninguna de las dos partes cede. El debate se enquista, los reyes empiezan a cansarse de la soberbia de aquel don nadie. Muchos intervienen y tratan de calmar los ánimos, pues Colón se ha hecho en tantos años con buenos aliados y amigos: los frailes, por supuesto, pero también Alonso de Quintanilla, contador mayor de cuentas y miembro del Consejo Real; Juan Cabrero, camarero del rey Fernando, casado con Beatriz Fernández de Bobadilla, dama de compañía de la reina Isabel; Gabriel Sánchez, tesorero aragonés; o Luis de Santángel, escribano de ración de la Corona de Aragón y prestamista real, que había conocido a Colón aquel lejano 20 de enero de 1486 en que fue recibido por primera vez por sus altezas reales.

Pero de nada sirven tantos valedores.

—¡Que se vaya en buena hora! —decide, airado, el rey Fernando.

Los reyes lo echan de la corte. No piensan concederle cuanto pide, que si almirante de la mar océana, que si virrey, que si el diez por ciento de los beneficios...

—Si tan solo hubierais cedido en algo, Cristóbal... —alza las manos en gesto de impotencia fray Juan—. Nada he podido hacer, los reyes os despiden...

Colón aprieta los dientes. No responde. No quiere que las palabras traicionen su ánimo. El fraile ninguna culpa tiene. ¡Ah, con qué ganas rompería a gritar de pura frustración! ¿Tanto esfuerzo para acabar así? ¡Tantos años perdidos!

Sin mediar palabra, recoge sus escasas posesiones en un hatillo y emprende el regreso a Córdoba, donde lo esperan Beatriz y sus hijos. Sabe bien que aquella era su última oportunidad en Castilla, que ya nada le queda por hacer en esta tierra ingrata. Volverá a Palos, y de ahí a Francia. Esta vez, nada lo detendrá.

Se acabó.

~

—Disculpadme, mi señora, pero si me pemitís unas palabras... —Luis de Santángel se dirige a Isabel. Ambos han pasado un buen rato despachando los asuntos del reino, y el escribano de ración se despide ya cuando, llevado por un impulso, se decide a hablar. No es capaz de quitarse de la cabeza lo sucedido esa misma mañana, cuando el rey Fernando expulsó a Colón de la corte.

—Decidme, mosén de Santángel... —lo anima la reina, intrigada.

Este carraspea y duda un instante.

—No soy sino un siervo mínimo de vuestra alteza y cuanto voy a decir excede de las reglas y lindes de mi oficio, por lo que os ruego me excuséis. No pretendo influir en los altos asuntos del reino, solo exponer ante vos, mi señora, la gran tribulación que siento...

—Al grano, mosén.

Santángel vuelve a carraspear. Asiente.

—Acabo de recibir con gran pena y tristeza vuestra negativa a aceptar una empresa como la ofrecida por Colón...

La reina no lo interrumpe y eso anima al escribano. Cada vez con mayor firmeza, le dice a Isabel que a su parecer es mal negocio el habido, pues nada pierden los reyes con aceptar las exigencias de Colón. Al cabo, si la empresa fracasara, ¿qué desdoro habría? El navegante nada recibiría, ni títulos ni dineros... Mas, si fuera un éxito, cuán grande queja tendrían sus altezas de sí mismas, qué vergüenza experimentarían los reyes sucesores el día de mañana de negarse. Pues sin duda, de tener éxito, la empresa redundaría en inmenso beneficio para Castilla y Aragón y para los mismos reyes, y añadiría muchos quilates sobre su loa y fama...

Durante un buen rato, Luis de Santángel expone sus razones a la reina, que lo escucha con atención. Cuando acaba, algo ha cambiado en el ánimo de Isabel.

—Mucha razón tenéis, mosén. ¡En verdad que son sabias vuestras palabras! Sí, nada perdemos, o muy poco, y mucho podemos ganar. ¡Y porfía no le falta a maese Colón! ¡Lo haremos, pues! Las arcas del tesoro están vacías con tanta guerra, pero yo tendré por bien que sobre las joyas de mi recámara se pidan prestados los dineros para hacer la armada que pide Colón.

Luis de Santángel sonríe, feliz. ¡Lo ha conseguido!

—Señora serenísima, no hay necesidad de que para esto se empeñen las joyas de vuestra alteza. Muy pequeño servicio será el que yo haré prestándoos los dineros que se precisen...

La reina le sostiene la mirada.

—Sea, pues. ¡Que un alguacil de corte acuda presto a buscar a Colón!

Así se hizo. El navegante no se había alejado más de dos leguas, unos doce kilómetros, cuando en el puente de Pinos lo alcanzó un emisario al galope.

—¡Deteneos! ¿Sois vos maese Colón? La reina ordena que tornéis...

Allá va Cristóbal, una vez más, dudando de si no será el viraje otro fiasco. ¡Nunca se sabe con los reyes!

Pero esta es la definitiva.

El 17 de abril de 1492, en las afueras de Granada, los Reyes Católicos y Cristóbal Colón firman las Capitulaciones de Santa Fe, por las cuales se concede al navegante cuanto demanda, «sin que se quite ni mude cosa alguna».

Lo ha conseguido.

Menos de cuatro meses después, el 3 de agosto de 1492, Cristóbal Colón parte del puerto de Palos al mando de una armada de tres navíos.

El resto es sobradamente conocido.

¿Sabías que...?

☞ Las Capitulaciones de Santa Fe equipararon a Colón con la más linajuda nobleza castellana y le aseguraron las riquezas necesarias para mantener su nueva condición. Como almirante controlaba la navegación oceánica, y como virrey se convirtió en la máxima autoridad en los territorios recién descubiertos. Todavía hoy, sus descendientes son grandes de España, adelantados de las Indias y almirantes de la Mar Océana.

☞ Pese a la firma de las capitulaciones, Isabel y Fernando no tuvieron reparo unos años después, en 1499, en acusar a Colón de mal gobierno, despojarlo de su cargo de gobernador y nombrar en su lugar a Francisco de Bobadilla. Colón fue encadenado y embarcado de regreso a España. Liberado al llegar, el almirante se dedicó a recopilar todos los documentos que pudo para demostrar su inocencia y los muchos títulos y dignidades que le habían concedido. Fue en este período, probablemente, cuando se encargó de hacer desaparecer las huellas de su pasado que no le resultaban convenientes. Todavía hizo un viaje más a América, pero nunca recuperó el cargo de gobernador de las tierras descubiertas. Murió fracasado en España en 1504, dos años después del fallecimiento de la reina Isabel.

☞ Las reticencias de los Reyes Católicos a financiar la expedición de Colón tuvieron que ver, sin duda, con la guerra de Granada, pero no solo por los esfuerzos económicos que esta implicaba, sino porque, muy probablemente, los reyes temían que si se alcanzaban las Indias por el oeste, el descubrimiento de esa nueva ruta marítima terminase provocando una nueva guerra con Portugal.

☞ La crucial intervención de Luis de Santángel la relata el fraile Bartolomé de las Casas, que en su *Historia de las Indias* cuenta también que la cantidad prestada ascendió a 1 140 000 maravedís. Aunque es lugar común asegurar que la reina Isabel devolvió el préstamo nada más saber que el viaje había tenido éxito para evitarse reclamaciones, lo cierto es que en el Archivo de Simancas se conservan los originales de los libros de cuentas de Santángel, y en ellos consta que el préstamo no se canceló hasta mucho tiempo después, y que se hizo con cargo a rentas castellanas. El detalle es importante: Isabel quiso dejar claro desde el primer momento que América era cosa castellana y no aragonesa: el Atlántico para Castilla, el Mediterráneo para Aragón.

☞ Las consecuencias de la llegada a América fueron inmensas, hasta el punto de que difícilmente ha habido nunca otro hecho aislado que produjera tantos y tan prolongados efectos. El mundo que hoy conocemos nació el 12 de octubre de 1492, cuando Colón arribó a las costas de una isla desconocida. O, mejor dicho, lo hizo el 17 de abril de ese mismo año, cuando se firmaron las capitulaciones que lo pusieron en marcha. Fue entonces cuando el destino del mundo quedó sellado.

EDAD CONTEMPORÁNEA

El hombre que salvó más vidas en la historia

Rodborough, Inglaterra, otoño de 1789

En la sala de la Fleece Inn, la principal posada de Rodborough, en el Gloucestershire inglés, el humo del tabaco se mezcla con el que escapa de la chimenea, en la que arde un fuego vivo que caldea el ambiente. La estancia es amplia, decorada con macizos aparadores de maderas oscuras y grandes cuadros con escenas de caza. En torno al fuego, sentados en butacones de roble tapizados con telas doradas y granates, media docena de caballeros charla animadamente mientras un mozo de la posada rellena las copas de ginebra y repone las pintas de cerveza ya consumidas.

El doctor Edward Jenner agradece con una sonrisa al mozo sus servicios y se lleva la nueva pinta a los labios. Es un hombre de unos cuarenta años, de mejillas sonrosadas y aspecto acomodado, vestido con casaca con cuello ancho y vuelto, calzón hasta la rodilla, medias de seda y zapatos con hebillas doradas. Tras dar un trago generoso, observa a sus compañeros con algo muy parecido al orgullo.

Esta es una de las reuniones periódicas de la Gloucestershire Medical Society, la sociedad médica que él mismo ha fundado y que reúne a los doctores de la comarca. La idea se le ocurrió tras su admisión como miembro de la prestigiosa Royal Society, el año anterior, gracias a un estudio sobre los cucos que lo acreditó oficialmente como hombre de ciencia. Fue entonces cuando pensó que, puesto que Londres quedaba lejos, bien podían crear en el Gloucestershire una sociedad de carácter científico que permitiera a los médicos de la zona mantenerse en contacto. La idea ha cuajado y allí están los doctores Ludlow, de Corsham; Hicks, de Bristol; Matthews, de Hereford; Paytherus, de Ross-on-Wye; Parry, de Bath, y él mismo, de Berkeley. Suelen reunirse en Rodborough o en Alveston para debatir las cuestiones médicas que a todos interesan, compartir experiencias y presentar los resultados de sus respectivas investigaciones. Es una magnífica forma de mantenerse al día en los avances de la profesión, además de disfrutar de la compañía y la conversación de caballeros cultos y formados.

Esta misma tarde, el doctor Parry ha presentado los resultados de su trabajo sobre los síntomas y las causas del *Syncope Anginosa*, la angina de pecho, y en ese instante sus colegas, tras un amplio debate, dan la enhorabuena al autor. Él mismo acaba de hacerlo, aunque de forma algo distraída.

Algo le ronda por la cabeza. Duda sobre la conveniencia de exponer lo que lo inquieta. Es una vieja preocupación que estos días, con el nacimiento de su primer hijo, ha retornado con fuerza, sobre todo porque ha coincidido con la difusión de una nueva epidemia.

La viruela, una vez más. La enfermedad más temida y la más cruel. Uno de cada tres infectados muere, y los otros dos quedan marcados de por vida, con feos cráteres desfigurando su rostro y sus extremidades. Una enfermedad, además, tremendamente contagiosa. Los que la han padecido, eso sí, no vuelven a enfermar, aunque nadie sabe por qué.

No para de pensar en su hijo, todavía un bebé. Le quita el sueño la posibilidad de que se contagie, de que su cuerpecito tan tierno y adorable se cubra de pústulas que lo desfiguren o, Dios no lo quiera, que termine sucumbiendo a las fiebres. El proceso es lento y doloroso, lo conoce bien porque ha atendido a muchos enfermos de viruela. Tras un período de incubación de una o dos semanas, sobreviene una fiebre alta, acompañada de fuertes dolores de cabeza, vómitos y dolor lumbar, que dura unos tres o cuatro días. Después la boca y la lengua se cubren con manchas rojas que se extienden por la cara primero y por el resto del organismo después. La erupción evoluciona rápidamente y se convierte en pápulas que, al cuarto día, se transforman en vesículas repletas de un líquido purulento. En esta etapa la fiebre vuelve a subir, las pústulas se transforman en úlceras y estas en costras que, finalmente, a lo largo de seis días, van desprendiéndose y dejando tras de sí cicatrices profundas en forma de hoyos. Muchas veces, además, se producen lesiones en la córnea que dañan la visión.

Con ese cuadro clínico, y sabiendo además que se trata de una enfermedad terriblemente contagiosa, ¿cómo no ha de sentir temor ante la posibilidad de que su hijito enferme?

—¿Os preocupa algo, Edward?

El doctor Jenner da un leve respingo y alza la mirada hacia su interlocutor.

—Oh, disculpadme, Henry —sonríe levemente al doctor Hicks, que se encuentra sentado a su derecha. Se ha producido un silencio, un momento de transición tras las felicitaciones al doctor Parry, y varios de los presentes los oyen y se vuelven hacia ellos. Eso hace que se decida—. En realidad sí, es algo que quería comentar con todos...

Se aclara la garganta, eleva ligeramente el tono de voz y comienza a exponer su idea. Aunque en realidad no es una idea todavía, solo una pregunta, una sospecha nada más. Esos días le ha venido a la cabeza algo que escuchó hace casi treinta años, cuando con solo doce comenzó a formarse como cirujano y farmacéutico con el doctor Abraham Ludlow, de Chipping Sodbury. Como ayudante de un médico rural, con él aprendió a preparar píldoras y pócimas, a mantener con vida a las sanguijuelas, a tratar fracturas por caídas del caballo, aplicar ventosas y realizar sangrías y purgas.

En una ocasión, una muchacha que se dedicaba a ordeñar vacas en una granja de la localidad y que había acudido a la consulta para tratarse unas pústulas que le habían salido en las manos, dijo algo de lo que nunca se ha olvidado: «Yo nunca tendré la viruela porque he tenido la vacuna —le comentó, con una sonrisa de satisfacción—. Nunca tendré la cara marcada por la viruela». Por entonces, tendría él catorce o quince años, la afirmación le había parecido curiosa, pero no le dio mayor importancia. La viruela dejaba el rostro de mucha gente completamente desfigurado y él solo había atinado a pensar que sería una pena que una joven tan bonita quedara marcada de por vida.

Sin embargo, con la epidemia nuevamente presente —nadie sabe por qué, pero la viruela siempre actúa igual: llega repentinamente, infecta a miles de personas durante unos meses y después, misteriosamente, desaparece y no se vuelve a saber de ella en cinco o diez años—, se le ha dado por pensar si en las palabras de la muchacha ordeñadora no habría algo de verdad.

—Me pregunto, en fin —continúa hablando, consciente de las sonrisitas que sus palabras levantan entre sus oyentes—, si no será cierto que la viruela vacuna inmuniza de alguna forma contra la viruela humana. Si no tendría razón la muchacha aquella. Todos ustedes, estimados colegas, conocen bien el proceso que sigue la viruela vacuna. Las vacas enfermas tienen fiebre discreta y durante unos días se muestran inquietas, les salen pápulas con enrojecimiento, sobre todo en las ubres y en los pezones, que terminan convirtiéndose en pústulas con un tinte azulado en el centro. Producen algo menos de leche durante unos días, pero no hay mayores consecuencias. Al ordeñarlas, es muy fácil que las ordeñadoras se contagien si tienen alguna pequeña lesión en las manos, y todos hemos visto que en esos casos desarrollan pústulas muy similares a las de la viruela humana, pero sin más síntomas de la enfermedad, salvo, quizá, una ligera fiebre. Al cabo de unos días, las pústulas se cubren de escaras y ahí termina todo, sin mayores problemas, y las mujeres con las que he hablado aseguran que, una vez que han sufrido la viruela vacuna, nunca enferman de la viruela humana...

A esas alturas, las sonrisas son ya generalizadas entre los doctores, lo que le produce una incomodidad intensa.

—Mi querido Edward —toma la palabra el doctor Ludlow, un hombre ya entrado en años, de gruesas patillas, al que la edad da licencia para tratar a los demás con cierta condescendencia—, todos hemos oído esas historias una y otra vez. ¡Pardiez, disculpadme, pero cuanto decís no son más que supercherías de mujeres analfabetas, más preocupadas por su discutible belleza que por la verdad! Es absurdo, completamente absurdo. ¿Enfermarse de la viruela de las vacas? ¡Demontres, que yo sepa somos seres humanos, no vamos pastando por ahí! —Sus palabras levantan una ráfaga de risas—. ¿Qué es lo siguiente? ¿Nos saldrán cuernos por tocar una vaca?

—Algunos no necesitan tocarla para que le salgan... —suelta el doctor Paytherus, con una mueca de guasa que levanta una oleada de risas gruesas.

Jenner sonríe también, aunque por mero compromiso.

—Pero supongamos que...

El doctor Ludlow no lo deja continuar.

—¡Oh, por favor, Edward! ¡Somos hombres de ciencia, vos mismo sois Fellow de la Royal Society, no podemos dar crédito a la superstición del vulgo! Todos sabemos que las enfermedades las provocan los miasmas: los malos olores, la suciedad y la descomposición; cuando no se trata de un castigo divino...

—Hablando de castigos divinos —tercia el doctor Hicks—, ¿hay alguna noticia sobre los terribles sucesos de Francia?

Todos muestran un súbito interés. Ese verano, en París ha estallado una revuelta popular que tiene en vilo al continente.

—Parece ser que una muchedumbre ha marchado sobre Versalles para protestar por la carestía del pan o algo así, y que la familia real se ha visto obligada a trasladarse a las Tullerías...

La conversación se generaliza. Todos están ansiosos por saber qué sucede en el país vecino, temerosos de que la insurrección extienda sus subversivos tentáculos hasta Inglaterra.

Jenner los contempla con una sensación de alejamiento. Esperaba algo más de comprensión por parte de sus colegas. Quizá tengan razón y sea solo mera superstición, pero John Hunter, el famoso cirujano y anatomista del hospital de St. George de Londres, que fue su maestro cuando Edward se trasladó a la capital para continuar sus estudios, y que con el tiempo se ha convertido en uno de sus más estimados amigos, le repite una y otra vez lo mismo: «Pero, ¿por qué piensa, Edward? ¿Por qué no prueba a experimentar?».

Experimentar. Sí, ahí está la clave. Quizá la pretensión de inmunidad de las mujeres sea pura superchería, pero la única forma de saberlo más allá de toda duda es experimentar...

~

Hoy no nos podemos hacer una idea cabal de la pesadilla que supuso la viruela para nuestros abuelos. Del espanto que suponía su periódica aparición, siempre sorpresiva y muchas veces letal. No solo por ese tercio de infectados que fallecían, también por esos otros dos tercios que quedaban desfigurados, a veces hasta el horror. Cuando la peste bubónica comenzó a remitir, nadie sabe cabalmente por qué, a finales del siglo XVII, y muy especialmente tras la última gran epidemia en Marsella en 1720, la viruela la sustituyó en el primer puesto del catálogo de los terrores colectivos. Y con mucha razón.

Aunque entonces no se sabía, la viruela está causada por el virus variola, cuya presencia se puede rastrear hasta los tiempos de los primeros poblados sedentarios, en torno al 10 000 a.n.e., en algún lugar de Egipto o del Próximo Oriente. Fue por tanto una de esas enfermedades que aparecieron con el abandono de la vida nómada, la sedentarización y la convivencia con los animales. En Egipto debió de ser bastante común, a juzgar por sus restos, que aparecen, por ejemplo, en la momia de Ramsés V, muerto en 1157 a.n.e., y en la que se pueden apreciar todavía las huellas de las pústulas. De Egipto viajó a la India en las alforjas de los mercaderes en el primer milenio a.n.e. y a China en el siglo I. Los cruzados la trajeron a Europa y los españoles la llevaron a América, donde se convirtió en una importante aliada de la conquista. En el siglo XVIII, los ingleses la extendieron hasta el último rincón del mundo conocido por aquel entonces: la lejana Australia.

Su mortalidad fue terrible desde el principio, con tasas que rondaban el treinta por ciento de los infectados. Pero, además, afectaba a una parte muy numerosa de la población. A finales del siglo XVIII, en estos años de Revolución francesa en los que Jenner comienza a plantearse cómo luchar contra ella, fallecen cada año solo en Europa unas cuatrocientas mil personas por su causa. Cuatrocientas mil, ahí es nada. Y a ellas hay que sumarle las ochocientas mil personas desfiguradas por las cicatrices, también cada año. Incluso en el siglo XX, cuando ya se conocía la vacuna, se estima que la viruela provocó la muerte de trescientos millones de personas en todo el mundo.

No había enfermedad más grave ni que causara tanto espanto, lo que permite comprender los temores del doctor Jenner cuando la viruela reaparece en el Gloucestershire, tras unos años de ausencia, mientras su primer hijo es todavía un bebé.

Sin embargo, ya por entonces la situación había mejorado ligeramente respecto del siglo anterior. Poco a poco se iba extendiendo un método de inmunización que implicaba riesgos, pero que suponía, al menos, una esperanza: la variolización.

En 1716, lady Mary Wortley Montagu, una famosa aristócrata, escritora y viajera inglesa, se instaló en Estambul con su marido, el nuevo embajador británico en Turquía. Mary Wortley era una mujer inteligente e independiente, que hablaba, además de su inglés natal, latín y francés, y que no tardó en aprender griego en Estambul. Esto le permitió integrarse en la vida local y relacionarse con la numerosa colonia griega de la ciudad. Lady Mary había sobrevivido a la viruela dos años antes, pero la enfermedad la había dejado desfigurada y había matado a su hermano. Por eso se sintió muy interesada cuando descubrió que las mujeres en Turquía se infectaban deliberadamente a sí mismas y a sus hijos con el pus de las pústulas de los enfermos de viruela. Al parecer, esta práctica procedía de la medicina tradicional china, donde al menos desde el siglo X se insuflaban en la cavidad nasal de la persona sana las costras pulverizadas de la última fase de la enfermedad de un paciente. De China, la práctica pasó a la India, y de la India había llegado a Turquía, aunque con variantes: en Estambul se utilizaba el pus de las pústulas, que provocaba en los inoculados una variante leve de la enfermedad y les dejaba inmunizados. Al menos, a la mayoría, porque una parte de los que se contagiaban por este procedimiento fallecían.

Estando en Turquía, Mary Wortley dio a luz a una niña. La atendió en el parto el médico de la embajada, el doctor Emnanuel Timoni, que había publicado en 1715 un pequeño tratado sobre la cuestión de la viruela que pasó de-sapercibido. En algún momento, quizá motivado por el rostro desfigurado de la mujer, salió la cuestión de la variolización, y el doctor explicó a lady Mary el procedimiento que se debía seguir. Lady Mary permitió que se lo aplicara a su hijo mayor y este, tras sufrir una variante leve de la viruela, quedó inmunizado.

Desde ese instante, Mary Wortley se convirtió en una ferviente embajadora de la difusión de la variolización. Fue ella la que llevó la técnica a Inglaterra, e incluso animó a la princesa de Gales a que la aplicara a sus dos hijas. El rey Jorge se interesó y en las siguientes décadas fueron inoculados personajes relevantes: los reyes de Dinamarca y de Suecia, la zarina Catalina II, los duques de Parma y de Toscana... La variolización se fue extendiendo, aunque con resistencias y oposición. En 1757 fue inoculado un chiquillo de ocho años de Berkeley, Gloucestershire, hijo del vicario del pueblo: Edward Jenner.

Lady Mary no fue la primera en dar a conocer el método, la precedieron personajes como el doctor Timoni o el doctor Giacomo Pylarino, cónsul veneciano en Esmirna, que lo había visto aplicar en Constantinopla durante una epidemia en 1701 y que fue el primero que describió el procedimiento en una publicación de la Royal Society en 1716, pero fue sin duda su más ardiente defensora y la responsable de su difusión frente a la dura oposición de muchos médicos y no pocos sacerdotes.

Pero la variolización distaba de ser la panacea. Nadie sabía cuánta cantidad exacta de líquido se precisaba para conseguir protegerse de la enfermedad, y existía el riesgo, muy real, sobre todo si se utilizaba el pus de una pústula recién formada, de que la persona sana inoculada desarrollase la variedad severa de la viruela y falleciese, algo que se producía en el dos o tres por ciento de los casos. Dos o tres personas sanas de cada cien fallecían. Un porcentaje pequeño... salvo que te tocara a ti. ¿Querrías, estando sano, enfermar voluntariamente de una afección tan terrible, sabiendo que existen probabilidades serias de fallecer y mayores aún de quedar desfigurado?

Demasiados riesgos para que el procedimiento pudiera considerarse seguro, en cualquier caso, sobre todo porque, además, el paciente podía contagiarse de paso de alguna otra enfermedad del donante, como la sífilis. Por estos motivos, fue declarado ilegal en muchas colonias de Estados Unidos.

Además, el proceso en sí era terrible. Edward Jenner lo conocía muy bien, pues lo padeció en sus propias carnes. Con solo ocho años, el boticario Holborn, de Wotton-under-Edge, lo inoculó, a él y a un grupo de niños de la zona.

Durante varias semanas, antes de la inoculación, los sometió a dieta estricta, vomitivos y sangrías, y después les practicó una incisión en los brazos y frotó contra las heridas un trapo con el pus de un enfermo de viruela. Tras ello, los recluyó en un establo maloliente, con escasa luz y mal ventilado, durante cuarenta días. Nadie podía entrar ni salir, de forma que hasta las necesidades las realizaban en un rincón. Todos contrajeron la enfermedad, en mayor o menor grado, y cuando por fin los dejaron salir quedaron inmunizados, sí, pero tardaron semanas en recuperarse.

Hacía falta algo mejor. Algo que no supusiera riesgo alguno.

~

The Chantry, Berkeley, 14 de mayo de 1796

Edward Jenner da vueltas de un lado a otro de su gabinete en la mansión familiar de las afueras de Berkeley. Por fin, todo se conjuga a su favor. Seis o siete años antes, recién nacido su primer hijo Edward, había querido experimentar con él, pero no pudo llegar a hacerlo: cuando se decidió, la viruela había desaparecido de la zona.

Desde entonces han pasado muchas cosas. Ha sido reconocido con el título de doctor en Medicina por la Universidad de St. Andrews; su queridísimo maestro, John Hunter, ha fallecido; dos años antes, su mujer dio a luz a una niña, su primera hija; poco después, ese mismo año de 1794, Jenner cayó enfermo: fiebres tifoideas, que lo mantuvieron postrado durante meses e interrumpieron sus investigaciones.

Pero todo eso es ya pasado. Este año de 1796, por fin, después de una ausencia de cinco años, la viruela ha reaparecido en el valle del Severn. Durante años ha estado aguardando por este momento y madurando su idea, planificando sus pasos y ardiendo en deseos de que llegara el momento de la verdad. En cierta forma, lo que se dispone a hacer es un homenaje a su maestro Hunter: «Experimentar, ¿por qué no prueba a experimentar?».

Bien, pues eso es lo que hará. Va a comprobar si su teoría es cierta, si la *cowpox*, la viruela vacuna, inmuniza de alguna forma a los seres humanos. Va a comprobar de forma científica si lo que dijo aquella ordeñadora tantos años antes es mera superchería, como defienden sus colegas de la Gloucestershire Medical Society, que ya han adquirido el hábito de tomarle el pelo por su insistencia sobre el tema, o refleja por el contrario una oculta sabiduría popular.

Oye voces en la entrada. No distingue lo que dicen, pero imagina que ya ha llegado la muchacha a la que espera. En efecto, un instante después llaman a la puerta del gabinete y su mujer asoma la cabeza.

—Querido, Sarah ya está aquí.

El rostro del doctor se ilumina. Está impaciente por empezar.

—Hazla pasar, Catherine, por favor. Y trae también al pequeño Jim.

James Phipps, Jim, es el hijo de un campesino que suele cuidar la finca de los Jenner. Es un arrapiezo travieso y vivaracho como él solo, habitualmente incapaz de quedarse quieto. Sin embargo, hoy parece intimidado y apenas se mueve. Es la primera vez que entra en el gabinete del doctor y la ocasión le impone. Solo sus ojos van de un lado a otro, incapaz de reprimir su temerosa curiosidad, y recorren las gruesas librerías, los estantes con redomas y pócimas, las lancetas y demás extraños instrumentos.

Edward sonríe al niño y a la joven, Sarah Nelmes, hija de un granjero de Breadstone. Esta se había presentado unos días antes con unas pústulas en la mano derecha. Al principio pensó que era un caso más de viruela humana, que desde hacía unas semanas se extendía nuevamente por el valle, pero la joven le dijo que una de las vacas que ordeñaba, una Gloucester llamada Blossom, tenía la *cowpox*, y que debía de haberse contagiado.

Aquello hizo que Jenner entrara en ebullición.

Ha estado en vilo unos días, a la espera de que las pústulas de las manos de Sarah se desarrollaran lo suficiente. Es la primera vez en años que se presentan a la vez ambas enfermedades, la viruela humana y la vacuna, y no sabe cuánto más va a durar la epidemia, así que tiene que apresurarse. Necesita que ambas enfermedades estén activas para comprobar si lo que sospecha es cierto.

Tras pedirles a ambos que se sienten en una sillas que ha dispuesto para la ocasión, extrae una lanceta de su funda y sujeta el brazo del chiquillo. Este le mira con ojos llenos de temor, pero es un crío valiente y aprieta los dientes sin protestar. Su padre le ha dicho que aguante como un hombre, que lo que va a hacer el doctor es bueno para él.

—Solo será un instante, Jim, ya verás como no es nada...

Por un instante, Edward se ve a sí mismo con ocho años ante la lanceta del boticario Holborn y revive la terrible experiencia. El recuerdo es tan intenso que tiene que repetirse que lo que se dispone a hacer trata precisamente de evitar que otros chiquillos pasen por lo que él pasó. Con suerte, Jim solo sufrirá unas fiebres leves y después quedará inmunizado para siempre.

Con un movimiento rápido y preciso, fruto de años de práctica, realiza dos incisiones en el antebrazo del chiquillo, cada una de más o menos un centímetro de largo. Después practica una incisión en una pústula de Sarah, impregna la punta de la lanceta con la linfa y la pasa por las incisiones del antebrazo de Jim, procurando que linfa y sangre se mezclen.

—¡Ya está! ¿Ves como no ha sido nada, valiente?

~

Los días siguientes no acaban de pasar. Jenner sigue con sus rutinas, atiende a sus pacientes y realiza los preparativos para su inminente marcha al balneario de Cheltenham, a unas veinticinco millas de Berkeley, donde la familia pasa la temporada estival desde que dos años antes acudieron por primera vez para que el doctor se recuperara de sus fiebres tifoideas. Pero todo lo realiza con una sensación de alejamiento, sin implicarse de verdad.

Cuatro días más tarde, Jim Phipps, que todos los días acude a The Chantry, presenta un ligero enrojecimiento alrededor de las incisiones. Jenner asiente para sí, pero no dice nada. Todavía es demasiado pronto.

—¿Te encuentras bien, Jim? —El niño se encoge de hombros y Jenner lo deja marchar. Ha de seguir esperando, lo sabe bien.

Otros cuatro días y el enrojecimiento ha dado paso a dos pústulas rojizas con bordes elevados y la parte central hundida y azulada, muy similares a las de la viruela. Jim tiene fiebre, le dura uno o dos días, se siente cansado. Jenner sigue el proceso con extrema atención, tomando nota de cada detalle, de cada fase. Pronto, Jim se recupera y continúa su vida como si nada. Apenas ha sufrido efectos, en realidad.

Diez días después del experimento, Edward lo ve salir del gabinete con una callada emoción. Hasta ese momento, todo ha salido como imaginaba. El chiquillo ha contraído la *cowpox*, la viruela vacuna, igual que antes le sucedió a Sarah Nelmes, pero con una diferencia fundamental: Sarah se contagió de una vaca, pero Jim se ha contagiado de otro ser humano. ¿Sigue siendo *cowpox* o se trata ya de *smallpox*, la viruela humana? ¿Son la misma enfermedad o dos diferentes? ¿Qué relación hay entre ellas? ¿Qué hay en la linfa que contagia la enfermedad? ¿Pueden transmitirse las enfermedades de unas especies a otras? Las preguntas bombardean la mente del doctor, pero la mayor parte eluden su respuesta. Solo puede seguir preguntándose, seguir experimentando y seguir tomando notas detalladas de cuanto hace.

Dos días después, el primero de junio, parte con su mujer y sus hijos para el balneario de Cheltenham. En él, Edward atiende a una clientela distinguida, descansa y pasea, disfruta de baños de agua y espera. Sobre todo, espera, reconcomiéndose por dentro, preguntándose cuánto tiempo deberá hacerlo. Quizá el proceso sea instantáneo, quizá requiera de varias semanas. No lo sabe: está recorriendo un camino que nadie antes recorrió.

Finalmente, no aguanta más. El primero de julio hace una escapada a Berkeley y le pide al padre de Jim que le traiga al niño.

—¿Recuerdas lo que hicimos la última vez, Jim? —Cuando este asiente, Jenner le dice que van a volver a repetirlo. El chiquillo aprieta los labios.

Pero hay una diferencia fundamental, que no le explica a Jim porque no lo entendería: esta vez va a poner su sangre en contacto con la viruela humana, en vez de con la vacuna. Va a variolizarlo con la linfa de una enferma de viruela. Si todo va bien, el crío no sufrirá ningún efecto, y si tal sucede querrá decir que su experimento es un éxito: que Jim ha quedado inmunizado por el contacto con la *cowpox*, la viruela vacuna.

—¿Preparado?

~

Una vez más, es necesario esperar. Esta vez, sin embargo, Jenner conoce muy bien las fases y los tiempos que sigue la viruela humana: una o dos semanas de incubación, después una fiebre alta, fuertes dolores de cabeza, vómitos y dolor lumbar, las manchas rojas en la cara...

El quince de julio, Jenner no cabe en sí de satisfacción: ni rastro de contagio. Jim Phipps es inmune a la viruela humana. Es la primera persona en la historia, que se sepa, que ha quedado inmunizada a partir de la viruela vacuna transmitida a través de otro ser humano.

Jenner sigue sin entenderlo todo, no sabe qué son los virus ni sospecha de su existencia. Nadie conseguirá ver un virus, mucho más pequeño que una bacteria, hasta bien entrado el siglo XX. Las bacterias sí se conocen, aunque ni se llaman todavía así —no recibiran ese nombre hasta 1828— ni se sabe qué son o qué hacen. Fueron vistas por primera vez en 1673 por el holandés Anton van Leeuwenhoek, que las llamó «animálculos». En este mismo siglo XVIII de Jenner, algunos adelantados han sugerido que estos animálculos tienen relación con la transmisión de enfermedades, pero el debate está muy vivo. La mayor parte de los hombres de ciencia defienden que los animálculos proceden de la descomposición de las plantas y los animales y creen que la vida se genera espontáneamente. Que basta dejar un trapo húmedo en un ambiente cerrado y oscuro para que se llene de mohos: la vida surge de la nada. Otros defienden la teoría de la biogénesis: los animálculos se originan a partir de otros animálculos, exactamente igual que sucede con las plantas y los animales. El debate está abierto y es muy vivo, no se cerrará hasta que en 1864 Louis Pasteur demuestre definitivamente que los microorganismos proceden siempre de otros preexistentes.

No, Jenner no sabe nada de la existencia de los virus y no acaba de entender cuáles son los mecanismos por los que la viruela vacuna se contagia a los seres humanos. Tampoco sabe por qué esta es mucho menos virulenta que la humana. Pero sí sabe que la experimentación es el camino, y que la evidencia acaba de aparecer irrebatible ante sus ojos. Y se da perfectamente cuenta de que lo que acaba de hacer ha cambiado ya, radicalmente, el curso de la historia.

El dieciocho de julio de 1796, desde Berkeley, Jenner le escribe una carta a un amigo suyo:

> Querido Gardner:
>
> (...) le agradará saber que he logrado por fin lo que he estado tanto tiempo esperando, pasar el virus de la vacuna desde un humano a otro mediante el procedimiento de la inoculación. Un muchacho de nombre Phipps fue inoculado en el brazo a partir de una pústula localizada en la mano de una joven que había sido infectada desde una vaca de su amo. No habiendo visto nunca la enfermedad fortuitamente, es decir, al pasar de la vaca a la mano del que la ordeña, quedé admirado de la gran semejanza de las pústulas en algunas de sus etapas con las pústulas variolosas. Pero ahora escuche lo más delicioso de mi historia. Habiendo sido inoculado después el muchacho con viruela, tal como yo me había aventurado a predecir, no se produjo efecto alguno. Ahora voy a continuar mis experimentos con renovado ardor.

Jenner lo hace: sigue experimentando, investigando. Sabe que se va a encontrar con oposición, que muchos seguirán pensando que la creencia de las ordeñadoras es pura superstición, y quiere contar con suficientes pruebas que rebatan a los posibles detractores de su método, que un cirujano de Plymouth, Mr. Dunning, llamará vacunación por su origen en la viruela vacuna, término que Jenner aceptará.

Dos años después, el 17 de septiembre de 1798, publica el resultado de sus investigaciones en un ensayo: *Investigación sobre las causas y los efectos de la viruela vacuna*. Ese día, Edward Jenner inscribió su nombre en la historia como la primera persona que descubrió cómo prevenir una enfermedad mortal. Su hallazgo se encuentra con resistencias, pero la fuerza de la evidencia terminará por imponerse.

Y lo hará de forma inapelable: ciento ochenta y cuatro años después, el 8 de mayo de 1980, la XXIII Asamblea de la Organización Mundial de la Salud declara que la viruela ha sido erradicada del mundo. Por primera vez en la historia, el ser humano ha conseguido derrotar de forma definitiva una enfermedad.

¿Sabías que...?

☞ La vacuna de Jenner fue recibida con entusiasmo, pero también halló una dura oposición. Muchos cristianos se opusieron con virulencia porque consideraban impío inocular a un ser humano con pus procedente de vacas enfermas y porque tratar de prevenir la enfermedad era ir en contra de los designios de su dios. Filósofos ilustres como Immanuel Kant se opusieron a la vacunación, y también lo hicieron muchos médicos que seguían considerando que el tratamiento era pura superchería. La Asociación Médica de Londres se opuso de forma tajante a aplicarlo con un argumento de peso: si se hacía, los pacientes podían terminar convirtiéndose en vacas.

☞ Sin embargo, la evidencia se impuso pronto. La gravedad de la enfermedad era tal que nadie podía desdeñar fácilmente una posible curación: por estas fechas, la viruela seguía matando a unos ochenta mil británicos cada año. Solo cinco años después de la publicación del ensayo de Jenner, en 1803, se creó en Gran Bretaña la Real Sociedad Jenneriana, que ofrecía la vacunación de forma gratuita.

☞ La difusión por Europa fue rápida. Las primeras vacunaciones se produjeron a partir de 1799 en Viena, Ginebra, Milán y París. En 1805, el mismísimo Napoleón Bonaparte, que por entonces, no lo olvidemos, se hallaba en guerra contra Gran Bretaña, sancionó el método al ordenar la vacunación de todos sus soldados.

☞ Por entonces, el tratamiento ya había llegado a España. En marzo de 1799 se publicó la noticia en el Semanario de Agricultura y Arte: «En Inglaterra acaba de publicar el médico Eduardo Jenner una obra con el título *Examen de las causas y efectos de las viruelas de las vacas* que contiene un descubrimiento muy particular que puede dar mucha luz a la teórica de las enfermedades que se pueden inocular, al mismo tiempo que puede ser útil para preservar de este azote al género humano». En enero de 1800, la Gaceta de Madrid publicó a su vez la noticia y las primeras vacunaciones se realizaron ese mismo año, con tanto entusiasmo y tan buenos resultados que solo tres años después el Gobierno español organizó una «Expedición filantrópica», dirigida por el doctor Javier Francisco Balmis, para llevar la vacuna a América y Filipinas; como portadores usó a veintidós niños huérfanos, que se transmitieron el fluido sucesivamente de brazo en brazo durante la navegación y que fueron conocidos desde entonces como «los niños de la vacuna». Jenner, al enterarse, escribió: «No puedo imaginar que los anales de la historia nos proporcionen un ejemplo de filantropía tan noble y tan amplio como este».

☞ La labor de Edward Jenner fue pronto reconocida y premiada con títulos y honores. Llegó a alcanzar en vida un inmenso prestigio e incluso fue nombrado médico del rey Jorge IV en 1821, pero él siguió viviendo en Berkeley como médico rural e investigando sobre las cuestiones más variadas, como la migración de los pájaros. El 25 de enero de 1823 sufrió una apoplejía que lo dejó paralizado. Falleció al día siguiente, con 73 años.

☞ En 1840, tras muchos debates, el Gobierno británico prohibió la técnica de variolización y ordenó la vacunación obligatoria y gratuita de toda la población. La medida distó de ser aceptada universalmente. Levantó duras controversias e incluso fue vista como una muestra de despotismo por parte de las autoridades. Muchos se movilizaron en contra con el argumento de que la vacuna introducía venenos animales en personas sanas, e incluso se creó, en 1874, una Liga Nacional contra la Vacunación Obligatoria que llamó a la desobediencia y que triunfó cuando, en 1909, consiguió que el Parlamento inglés derogara la vacunación obligatoria. Como ves, hay cosas que no cambian, por mucho que pensemos que los tiempos progresan...

☞ Pese a todo, la lucha contra la enfermedad siguió avanzando de forma imparable. El último caso conocido de viruela se produjo en Somalia el 26 de octubre de 1977, cuando se infectó el cocinero Alí Maow Maalin, de 23 años. Unos meses después fue fotografiado ya curado, sonriente y sin pústulas, y su fotografía dio la vuelta al mundo y se convirtió en el símbolo de la lucha contra la enfermedad.

☞ Jenner no solo descubrió la vacuna de la viruela. Su logro va mucho más allá, pues abrió la puerta al desarrollo de otras vacunas mediante el uso de microorganismos atenuados o debilitados. Tras la vacuna antivariólica vinieron muchas más, como la vacuna contra la diarrea crónica intestinal grave, el ántrax, la rabia, el tétanos, la difteria...

☞ En la actualidad, pese a que sigue habiendo detractores de las vacunas, la efectividad y la bondad de estas no puede ser puesta en duda con un mínimo de rigor. Edward Jenner ha pasado a la historia como el descubridor de las vacunas, pero también como el hombre que, con su trabajo, ha salvado más vidas en la historia de la humanidad.

Sobre mí

Apasionado por la historia, la literatura y los viajes, he sido profesor, librero, redactor, editor y guionista de documentales, entre otras muchas ocupaciones. Pero, sobre todo, me he pasado la vida escribiendo y contemplando el mundo a través de los libros. Y viajando, siempre que puedo, para descubrir este fascinante mundo que nos rodea.

Soy también el responsable del Bloc de Fran, un blog especializado en novela histórica y de aventuras y libros de viaje en el que podrás encontrar nuevas e interesantes lecturas y estar al tanto de lo que se cuece en este apasionante mundo de los libros.

Entre mis obras se encuentran novelas históricas como *La cruz de ceniza*, *Medievalario* o *En tiempo de halcones*, libros de viaje como *Viaje al interior. 80 días en furgo por la España olvidada*, obras de divulgación como *99 libros para ser más culto* o los libros de esta serie, *Historias para disfrutar con la historia*, y novelas actuales como *Lo extraordinario*.

Si quieres saber más sobre mí o mi blog, visita mi página web, franzabaleta.com. Ahí podras enterarte, entre otras cosas, de cuando publicaré la siguiente entrega de esta serie.

Sí, habrá más...

Antes de que te vayas

Si te ha gustado este libro, te agradecería muchísimo que hicieras el esfuerzo de escribir tus comentarios en Amazon o en la web de la librería donde lo hayas comprado. Es solo un momento para ti, pero tiene gran importancia para mí: gracias a tus palabras muchos otros lectores podrán descubrir estas *Historias para disfrutar con la historia*, y yo podré seguir escribiéndolas.

En un mundo en el que se publican miles de libros cada día, lo verdaderamente valioso es conseguir la atención y el interés del lector. Unas pocas palabras tuyas pueden marcar la diferencia y animar a otros lectores a leer el libro.

Y si quieres hacerme feliz, además, ¿por qué no compartes tu opinión en tus redes sociales? No te costará mucho y con ello estarás contribuyendo a que pueda seguir viajando y escribiendo nuevas novelas, libros de viajes e *Historias para disfrutar con la historia*.

¡Muchísimas gracias por leerme!